幼兒園小班教學活動課程設計：
配合新課綱設計的 120 個活動

吳淑美　著

作者簡介

吳淑美

美國密蘇里大學（University of Missouri-Columbia）特殊教育博士
美國密蘇里大學（University of Missouri-Columbia）兒童發展與家庭發展碩士
美國密蘇里大學（University of Missouri-Columbia）統計碩士
政治大學心理學系學士

1987 年 8 月至新竹教育大學（現改為清華大學）初等教育學系任教（擔任副教授），並兼任特殊教育中心主任
1989 年開始實施學前融合教育實驗，向當時的教育廳申請學前語障及聽障融合計畫
1993 年創立特殊教育學系，擔任特殊教育學系教授兼第一任特殊教育學系系主任
1994 年創立新竹教育大學附小（現改為清華大學附小）融合班，向教育部申請設立特教實驗班，擔任特教實驗班計畫主持人三年，之後繼續指導融合班
2000 年創立新竹市育賢初中融合班
2000 年成立財團法人福榮融合教育推廣基金會，擔任董事長至今
2004 年興建完成融合教育校區
2004 年基金會創立體制外國中融合班
2015 年擔任非學校型態國中團體實驗計畫主持人
2016 年至 2018 年連續三年擔任香港教育大學幼教系學前融合學分班（Certificate in Professional Development Programme Catering for Diverse Needs of Young Children）外審（External Examiner）
2000 年至 2019 年拍攝四部融合教育紀錄片（同班同學、聽天使在唱歌、晨晨跨海上學去、不可能啦啦隊）並擔任導演

從 1989 年無心插柳設立了學前融合班到 2016 年，我和融合班的孩子相處了 27 年，這個機緣不但成為我人生中一個重大的轉捩點，更讓我有機會接觸融合教育的實務，得以撰寫融合教育的著作。

序

本套書（分成小班、中班、大班三冊）提供的活動主要是在安排充實性的活動課程，能給幼兒充分發展其潛能的機會，也讓教師能更詳細地了解幼兒的能力，以便找出其長處及短處。活動課程一共分為八個領域：認知、科學、數學、語文、精細動作、社會及情緒、大動作、音樂，共計有 360 個活動，分為小班、中班、大班三個年段，每個年段都有 120 個活動，每一個活動都會進行評量。本書所提及的教學活動設計不只適用於一般幼兒園，也適用於有特殊幼兒融合的融合情境。這些活動課程都是以團體或小組的方式進行，小組活動時 2 位教師可分別帶領一個小組進行教學，每次進行 30 分鐘，活動的材料（例如：教具及圖書）都可配合實際狀況自行調整，有些活動還包含了相關的圖片及學習單。

教學活動的內容乃觀察竹大附小學前融合班的小組教學現場撰寫，並將在期間研發的學習經驗滲透其中。為了驗證此套活動課程能否在一般幼兒園實施，筆者特別選在昆明的培奇全納幼兒園進行為期半年的小組教學實驗，該園教師即根據這套課程的教案準備了豐富的材料，讓幼兒在活動中透過與材料、同伴和教師的互動主動學習，建構學習經驗。教師在活動中多採用提問進行引導，並根據每一個活動環節的目標進行評量。這些改變讓幼兒園的活動多元豐富，讓教師及家長可以透過目標及評量了解幼兒當前的發展水準，進而為下一階段的教學提供依據。

依據活動式教學及幼兒學習經驗撰寫的這套書，不但可以讓教師觀察到幼兒在各學習領域的情況，以了解幼兒當前的發展水準，進而為下一階段的教學提供依據，更是落實差異化教育理念的重要手段，是促進幼兒在原有水準上得以向上發展的重要途徑。透過評量，也能讓家長了解孩子在幼兒園的生活及學習情況，為家園同步教育創造了可能性。

本書活動課程中所附的圖都是由作者先生吳大剛親手繪製，配合活動的內容增加活動課程的可讀性及專業度，在此感謝。

目次

二、科學領域活動（18 個）／ 61

三、數學領域活動（19 個）／ 81

四、語文（含閱讀）領域活動（19 個）／ 107

五、精細動作（含美感）領域活動（19個）／139

六、社會及情緒領域活動（1個）／161

七、大動作領域活動（12個）／165

❀ 壹、前言 ❀

　　本書（小班）提供的活動課程分為七個領域：認知、科學、數學、語文、精細動作、社會及情緒、大動作，共計有 120 個活動，每個活動都會進行評量，以活動的方式來評量幼兒的能力，來了解幼兒的學習狀況。每一個領域都強調四項必備的技巧，每一個活動亦是為了達到這四項必備的技巧而設計，並根據每一個技巧設計了一些學習目標。在每一個活動中，都列有學習經驗、材料、教學內容、學習目標、評量結果（分成四個等級）、針對特殊幼兒所做的調整，以及延伸活動。比較特別的是將教學內容及學習目標並排，從教學內容即可找到相對應的學習目標，以評量幼兒是否達到目標，並可讓教師了解幼兒的學習情形。

　　本書包含了幾個特色，說明如下。

一、根據「幼兒園教保活動課程暫行大綱」來規劃活動設計

　　「幼兒園教保活動課程暫行大綱」（以下簡稱「幼教新課綱」）於 2012 年公布，並全面推動，內容包括：「身體動作與健康」、「認知」、「語文」、「社會」、「情緒」，以及「美感」等六大領域。本書除了涵蓋「幼教新課綱」中的認知、語文、社會及情緒外，還包含了科學及數學領域，領域有部分相似，亦有部分差異。本書的領域內容與「幼教新課綱」的對照表如下。

「幼教新課綱」	身體動作與健康 （身體操控、用具操作）		認知			語文	社會	情緒	美感
本書	大動作	音樂	認知	數學	科學	語文	社會及情緒		精細動作

二、強調融合情境中的教學調整

　　因應融合教育的實施與現場教師的需求，本書所設計的每一個教學活動，

都列有「針對特殊幼兒所做的調整」一項，而提出適合不同特殊需求幼兒的學習目標或具體可行的教學調整建議，例如：若班上有聽障幼兒，教師可配合圖卡、動作和口型來說明動物的聲音或動作；若班上有認知發展遲緩幼兒，教師可以請同儕示範動作或聲音，讓其模仿學習。現場教師可以參考這些建議進行課程調整。

三、強調跨領域的學習目標

本書中的每一個教學活動，都列出了幼兒的學習目標、評量結果、學習目標數目及通過項目（指評量較好或很好），教師可以根據評量結果，評估幼兒的能力表現；這樣的記錄有助於親師溝通和討論，並可隨時了解幼兒的學習能力，也可以檢討所使用的教學策略。

每一個教學活動也都可以涵蓋其他領域的目標，以中班的「陸上交通」為例，此活動屬於「認知領域活動」，學習目標包括：（1）能聆聽老師說故事；（2）能至少說出三種交通工具的名稱及在哪兒看到；（3）能說出書上未提及的車輛名稱及在哪兒看到；（4）能說出陸上交通標誌及其形狀；（5）能畫出紅綠燈；（6）能依玩具特性操作玩具：上發條或將車推動等六項目標，此活動雖是屬於認知的活動，但該活動也融入許多社會、大動作和語文的目標。

四、將評量與教學結合

每進行一個活動，教師就可針對幼兒的學習情形填寫評量紀錄表，綜合幼兒整學期各領域活動的學習目標通過情形，計算出各領域活動的學習目標通過率，據以判定幼兒在八個領域中的哪一個領域表現較佳或較差，為幼兒設計一份活動教學方案，再根據八個領域的學習情形撰寫一份完整的期末報告，送給父母做參考。

五、可透過主題、親子活動及下一個活動以延伸活動

各領域的活動都可結合相關的主題進行，讓活動更加生活化及連貫性，例如：科學領域活動中的「神祕的洞」可結合主題「洞」；認知領域活動中

的「陸上交通」可結合主題「交通工具」，教師可帶幼兒到馬路上觀看交通狀況，或是讓幼兒親身搭乘各種交通工具，又或是透過影片和幼兒分享搭車的經驗，引導幼兒關心行的安全。當主題和領域活動結合時，幼兒就很容易會有共鳴。

學校在進行這個教學活動時，家長可以配合在家進行「親子活動」，例如：若家中有交通工具的玩具，家長可以讓孩子帶它們（如玩具車）到學校分享，或者在接送孩子或帶孩子外出時特別留意交通狀況，若遇到交通事故或違規等事件時，更可以隨機帶入交通安全的觀念。

當結束這個活動後，教師可以進行類似活動，例如：「空中交通工具」的活動，以做為「陸上交通」的延伸活動，讓孩子認識空中交通工具，並可將飛機等相關玩具放在角落讓幼兒探索。

貳、小組教學介紹

　　小組時間（small group time）可做為每天例行活動（routine time）中的一段時間，大約 30 分鐘。一個班如果有 30 名幼兒和 2 位教師，就可分成兩組各 15 名幼兒，每組選擇一個固定的地點進行較精緻的分組教學，教學內容涵蓋認知、科學、數學、語文、精細動作、社會及情緒、大動作和音樂等領域活動。小組時間是幼兒學習分享、聆聽教師說話的好時機，30 分鐘的時間可進行至少一個活動，該活動應具有下列特質：

1. 以幼兒為主，教學內容適合幼兒，以幼兒的興趣為中心，教師必須遵循幼兒的帶領，提供合適的回饋，以符合其需求。

2. 每位幼兒的學習速度不同，學習風格亦不同，活動安排要適合幼兒的程度並讓幼兒有成功的經驗，如此幼兒才會有信心。當幼兒在活動時能自己完成工作，就能對自我肯定，也能增進自己的能力。

3. 活動必須要：
   ⑴不管活動時間長或短，都要有開始、中間及結束三個部分。
   ⑵適合幼兒的年齡。
   ⑶新奇的、有趣的、幼兒從未玩過的。
   ⑷教師可控制的。
   ⑸雖然活動安排有順序性，仍要保持一些彈性讓幼兒有成功的經驗，進行小組活動時可加入其他的內容，容許幼兒以自己的方式去探索材料，並跟隨幼兒對活動方向的提示來進行，同時要確定建立安全且合理的行為與動作的限制。
   ⑹有教師在旁督導。
   ⑺具有功能性，教學的內容是實用的，和幼兒日常生活經驗相關的。
   ⑻能產生師生及同儕的互動，教師與幼兒對活動都有反應。
   ⑼跨領域及學習經驗，包含不同層次（難度）的教學目標。

4. 活動不需要：

⑴不一定要完成一件作品。

⑵由教師決定如何進行，亦可由幼兒決定如何進行。

⑶包括所有領域的目標，但不需包含兩個領域以上的目標。

5. 活動時，座位必須按下列條件安排：

⑴易於在幼兒需要時提供協助。

⑵幼兒能很容易與其他幼兒以及成人互動。

⑶需要較多指導的幼兒，能安排在便於指導的位置（例如：教師旁）。

⑷教具和所蒐集的教材用具，放在便於使用但不妨礙活動的地方。

⑸教師必須和幼兒一起坐下來，與幼兒保持相同的高度。

6. 小組教學過程包含教學—評量兩個步驟，亦即先進行教學，教完再評量。

7. 教學程序合乎邏輯及情境的教學，在活動中使用自然發生事件，自然地教導幼兒概念，例如：在吃點心或午餐時教導洗手、食物的種類及餐具使用技巧，或利用玩水時教導浮起與下沉的概念，如此就可利用點心、午餐或玩水做為誘因，在自然的情境（吃點心）中學習用餐前（洗手）、用餐時及用餐後（收拾）之技巧，以達到情境、行為及反應之連結。以下是一玩水的活動，透過玩水讓幼兒自然地發現水的特性，並在過程中引發幼兒的認知、語言及社會能力，活動內容及空白表格如下：

活動名稱：玩水（沙）

活動說明及進行順序	用具	達到的目標	評量
1. 將塑膠布鋪在地上。 2. 幼兒必須向老師要圍裙、水盆和玩具。 3. 當幼兒要水時，可要求他們解決問題，例如：水盆的蓋子蓋得很緊，幼兒要想辦法打開，或請人幫忙。 4. 將水倒進水盆時，記得一次給一點，這樣幼兒可以要求「還要」。 5. 幼兒可以輪流倒水、用玩具打水、玩小船或擠海綿。 6. 給幼兒表達的機會，讓幼兒說出他們在玩什麼。 7. 遊戲快結束時，要幼兒把各種玩具還給老師。 8. 請幼兒幫忙把水倒掉，問幼兒要用什麼東西來擦乾手？（毛巾） 9. 將毛巾拿給幼兒，問他們還有什麼東西要擦乾的？（玩具、桌子） 10. 最後，幼兒幫忙把塑膠布摺疊起來，將玩具收好。	・塑膠布 ・水 ・水盆 ・圍裙 ・會浮的玩具 ・湯匙 ・海綿 ・杯子 ・毛巾	1. 會要求圍裙、水盆及玩具 2. 會打開蓋子 3. 會說「還要」 4. 會輪流倒水 　會用玩具打水 　會說出玩的內容 5. 會還玩具 6. 會用毛巾 7. 會擦手 8. 會收拾玩具	

變化

- 可用紅豆、綠豆或沙來代替水。
- 可在水中加一些顏色。
- 可在水中滴一些洗碗精，再用手攪拌，可製造泡泡（吹泡泡）。
- 可在水中丟不同形狀的保麗龍板，問幼兒保麗龍板會不會浮在水面上？

認知概念

- 水。
- 擠。
- 硬。
- 乾。
- 開。
- 熱。
- 濕。
- 拌。
- 冷。
- 倒。
- 軟。

社會

- 輪流。
- 收拾。

動作

- 倒水。
- 打開。

語言

- 說出「還要」。
- 玩水。

小組教學的基本原則如下：

1. 提供主動式學習以及材料給每位幼兒，因每位幼兒的興趣和能力都很不一樣，可多準備一些材料並多讓幼兒操作，除非需要協助，否則儘量讓幼兒自行操作，以達到主動學習的目的。

2. 坊間購買的教材不見得適合幼兒使用，教師可選擇日常生活中常見的、可操作的及可以多樣化使用的材料，例如：積木可以用來堆疊，也可以用來數數。

3. 隨時可得的材料、家裡現成或不用花錢買的材料，更適合激發幼兒的能力及符合不同能力幼兒的需要，例如：各種大小不同的瓶子及瓶蓋，可以讓幼兒學習大小的概念。

4. 當特殊幼兒和普通幼兒在同一組時，設計課程時應先找出他們的共同點，例如：都喜歡聽故事，就可設計說故事課程。教師可依幼兒能力調整教學步驟及課程難度，針對不同程度的幼兒可準備不同難度的教具，例如：準備不同片數的拼圖。當特殊幼兒無法完成某些目標時，可透過合作的方式由普通幼兒協助完成，或給予特殊幼兒較簡單的目標，例如：分類遊戲時由普通幼兒訂出分類的標準，特殊幼兒只需將同樣顏色的東西放一起就可以。教師也要為那些不想參與小組時間的幼兒提供一個變通活動或適合的學習目標。

5. 小組教學每天都要有開始、中間及結束三個部分：

   (1)開始前：教師先準備好材料，並評估每個幼兒的能力以及他們對材料的可能反應。考量有些材料或教具可能不適合某些幼兒，例如：幼兒不會使用剪刀時，應準備其他工具。

   (2)開始：教師介紹教具、材料及完成的成品，在介紹時儘量簡短，每次不一定要使用新材料或新教具，可讓幼兒學習使用各種材料，不論是新的還是舊的材料。

(3)中間：中間部分是課程最主要的部分，也是時間最長的部分，教師可以記錄幼兒的反應及其與材料互動的行為，觀察幼兒用材料做什麼，記錄的範圍可以很廣泛。

(4)結束：活動結束前通常要讓幼兒分享活動內容或完成的內容。學習目標的難易不同，成品的質與量也可以不同，不要期待所有的幼兒都能在同一時間內完成工作，可期待的是幼兒在小組時間裡實驗、探索、創造及解決問題的過程，它遠比成果來得重要。

(5)延伸活動：可列出由小組活動延伸出來的許多想法，或是活動相關的點子法，其中有些是原來活動的延續。教師可以計畫一系列的小組課程，以延續課程內容或改變材料（例如：讓幼兒在不同的材質上繪畫，或是將成品放在教室角落讓幼兒繼續探索學習），以及利用非小組時間法（例如：在大團體時間演戲，以延續語言課程內容）。

6. 小組課程要有延續性，可將上過的教材放在角落讓幼兒繼續操作，活動內容可以重複法，例如：可上好幾次奇偶數的課程法，並視需要傳遞較深入的內容，讓幼兒學習得更完整。

7. 小組評量除了記錄幼兒達成的目標外，也可以記錄幼兒的反應，例如：幼兒的答案。

8. 教師的角色除了安排上課內容外，還要支持及引導幼兒在小組時間的探索、實驗、遊戲。支持指的是，教師透過問題與幼兒交談，或傾聽幼兒的談話，或鼓勵幼兒回應，尤其要給幼兒回答問題及思考的機會，並延伸幼兒的想法及語言，由他們主導。

9. 協助幼兒在活動與活動之間做銜接，例如：先到角落閱讀。

10. 小組活動計畫表的內容可包含下列項目：

(1)活動名稱。

(2)學習經驗：可從十三大學習經驗中選取，最重要的是「主動學習」的經驗。

(3)材料。

(4)表格示例：

教學內容	學習目標	評量結果			
		不會 1	尚可 2	較好 3	很好 4

(5)評量結果：4 代表達成該項目標 75%以上，3 代表達成該項目標 50%～75%，2 代表達成該項目標 25%～50%，1 代表未達成該項目標 25%。

(6)學習目標：共＿＿項，通過項目（指評量較好或很好）共＿＿項。

(7)針對特殊幼兒所做的調整。

(8)延伸活動。

❀ 參、幼兒學習經驗 ❀

　　「幼兒學習經驗」乃參考筆者於 1998 年之「學習經驗檢核表」而訂定，「學習經驗檢核表」中共列有十三類學習經驗，詳細說明如下。

一、數

1. 比較數字及數量之多少（例如：比較兩堆餅乾哪一堆較多）。
2. 一對一對應（一樣的東西，一個對一個）。
3. 認識並寫出數字。
4. 在談話、畫畫及寫字時，了解數字代表的意義。
5. 辨別、說出形狀。
6. 分辨／做出組型。
7. 會配對及數數（含各種形式的配對，例如：數量與數量、數字與數量、數字與數字）。
8. 會計算（例如：加、減、乘、除）。
9. 會使用測量工具（例如：尺、量杯、體重計）。
10. 會辨認及使用錢幣。
11. 比較大小。
12. 數東西（在一堆物品中數到 n 為止）。
13. 有保留的概念（不因瓶子形狀而改變量的多少）。
14. 排數字及集合大小順序。
15. 估計數量多少。
16. 會買賣物品。

二、分類

1. 能探索及標明每樣事物的特性及名稱（例如：命名物品）。
2. 能辨別及描述物品相同及相異之處。

3. 用各種不同方法操作及描述事物。

4. 描述每件事物的特徵，並知道其所屬的類別。

5. 可同時用兩種標準來描述及分類（例如：找出一張是紅色又是木頭製的椅子）。

6. 分類時可以用不同的標準（例如：可以用顏色，也可以用形狀）。

7. 使用同一種標準來比較事物（例如：比較大小、輕重、粗細、軟硬之異同）。

8. 依照同一種標準將物品分類（例如：大的一堆、小的一堆，或是依長短、軟硬分類）。

9. 把物品按照某種順序排列（例如：長短），並了解之間的關係或規律（例如：把一系列圖片依數量遞減，四片葉子－三片葉子－兩片葉子－一片葉子排列）。

三、時間

1. 計畫及完成一項活動。

2. 描述及了解過去發生的事件。

3. 用語言表達對未來的期望，並事先做準備。

4. 在指示下開始及停止一件事物或動作。

5. 注意、描述及了解事物間的先後次序。

6. 使用時間來描述過去及未來的事物。

7. 比較時間之長短。

8. 觀察時鐘及日曆可用來表示時間，並用時間做記錄。

9. 觀察季節的變換。

10. 會使用時鐘。

11. 會看日曆、月曆。

12. 能依照功課表或作息表作息。

四、空間

1. 把物品組合在一起或分開（例如：樂高積木）。
2. 把一些物品重新組合（例如：摺、轉、拉、堆、綁），並觀察組合後在空間中所呈現之不同現象（例如：不同的形狀、不同的平面），像是摺紙後形狀的改變。
3. 從不同空間（例如：室內、戶外）的角度觀察事物。
4. 經驗及描述物品之間的位置（例如：中間、旁邊、上下、左右）。
5. 經驗及描述人、事、物動作的方向（例如：進入、出去）。
6. 經驗及描述事物間之位置及距離（例如：遠、近、在一起）。
7. 經驗及了解自己的身體（例如：身體部位的位置及不同部位的功用）。
8. 認識周圍環境（例如：教室、學校、鄰居）中各種事物的位置及關係。
9. 描述圖畫及相片中的空間關係。
10. 認識物體的各個部分及從部分認出全部。
11. 認識及表現物體在空間中排列的次序。
12. 經驗及了解對稱之意義。

五、主動學習

1. 充分使用學校的設備（例如：圖書館、操場、戶外空間）。
2. 能經由感官主動探索，認識各種物品及材料的功能及特性，並正確操作，包括：玩具及教具。
3. 藉由操作了解物體之間的關係，幫助幼兒發現關係（例如：把水放入冰箱，發現結冰，退冰融化成水，發現水會變冰、冰會變水）。
4. 預測可能發生之問題（包括：情緒問題），並解決問題。
5. 操作、轉換及組合材料（例如：操作及組合積木）。
6. 能選擇材料及活動，並表現出學習的興趣及需求。
7. 使用教室的器材設備，以增進其學習（例如：玩具、錄音筆、電腦、

DVD 播放機、遊樂器材、音響）。

8. 充分使用小肌肉（例如：剪、貼）。

9. 在教室及戶外場間自由的活動，充分使用大肌肉（例如：跑、跳、走、爬樓梯、溜滑梯）。

六、聽及理解

1. 傾聽。

2. 理解並遵守指令。

3. 喜歡聽故事。

4. 能理解看到的圖（經由各種方式及情境）。

5. 能理解字詞（從熟悉的情境→各種不同的情境→書上）。

6. 能理解聽到、看到的句子（從日常生活及書上）。

7. 理解故事中的細節及內容。

8. 能做圖與人、事、物的配對。

9. 能照順序排圖片（包括：各種相片、卡片、圖片及廣告單）。

10. 能分辨現實與幻想。

七、說

1. 和他人談及或分享自己的經驗。

2. 描述人、事、物間的關係。

3. 表達自己的需求、喜好、感覺。

4. 讓他人把自己的想法寫下來並讀出來。

5. 讓語言成為有趣的活動（經由唱兒歌、故事、童詩等）。

6. 模仿及描述周圍之聲音。

7. 問問題。

8. 講故事（按順序）。

9. 回答問題。

10. 會表示繼續或希望再多一點（例如：製造一些聲音或動作，來表示還要吃或還要玩）。

11. 會選擇並說出自己選擇的人、事、物。

12. 會要求（例如：會要求物品、食物、活動、協助）。

13. 會召喚他人（例如：會以手勢或言語召喚他人）。

14. 會拒絕（例如：會表示要停止某些事，或不要某些事開始）。

15. 會向別人打招呼。

16. 會使用電話。

17. 適當的與他人溝通（例如：輪流保持注意力並切合主題）。

18. 會提供個人的身分資料（例如：姓名、地址、電話號碼）。

八、閱讀

1. 重複大人讀給他聽的內容（例如：故事）。

2. 認識及讀出字的拼音，並用音來記字（例如：說出同音開頭的字）。

3. 讀出自己寫的故事。

4. 讀出字的連結（例如：名字、常見物品）。

5. 閱讀句子。

6. 對書感興趣。

7. 會認識及讀常見的符號（例如：交通標語、洗手間、文字、布列斯符號）。

8. 能主動閱讀並從閱讀中獲得訊息。

9. 會閱讀及使用媒體資源（例如：報紙、電話簿、字典）。

10. 能讀常用的字及了解其構造。

11. 閱讀常見的、可用的訊息（例如：卡片上、書上、雜誌上、溝通卡上、作息表上、食譜上、工作順序卡上的字）。

12. 自己選書及選擇喜歡的書。

13. 有目的的尋找書中的圖片。

14. 能閱讀簡單的短文及故事。

15. 能把相同的字詞及句子配對。

九、寫

1. 寫出自己的經驗。
2. 從寫故事及文章中，表達自己的想法及感受。
3. 寫便條。
4. 會寫出個人的資料（例如：姓名、地址、電話號碼）。
5. 會寫字、語詞及句子。
6. 以貼字代替寫。
7. 以蓋印代替寫。

十、經驗及表達想法

1. 用語文或其他方式表達出想法。
2. 把圖片上看到的東西聯想到真實之事物。
3. 經由角色扮演及藝術創作表現自己的情感。
4. 討論及分享自己及他人的意象（representation），能把看到、聽到或感覺到的呈現出來。
5. 用繪畫及創作表達自己的想法。
6. 把自己的話記錄下來及讀出來。
7. 把郊遊或旅行的心得，用繪畫、建設模型或寫作表現出來。

十一、照顧自己的需要

1. 能獨立吃及喝。
2. 能抓取，用手指食物。
3. 能使用合適的餐具進食（例如：筷子、湯匙）。
4. 能穿脫衣服。
5. 會選擇合適的衣服穿。
6. 會如廁。
7. 會照顧自己的清潔衛生（例如：刷牙、洗臉、洗手、洗澡）。
8. 會準備食物。

9. 會使用自動販賣機。

10. 會自己上下學及使用大眾運輸工具。

11. 會自己撿起掉落的物品。

十二、社會學習

1. 能主動引發、持續及終止社會互動。

2. 能和不同年齡、背景的人產生互動。

3. 能扮演家庭、社區及學習中的各種角色及事物。

4. 能享受參觀旅行的活動。

5. 能接受他人的協助。

6. 對他人能提供協助。

7. 能與他人分享。

8. 能安全的在社區活動（例如：公園、教室）。

9. 能輪流。

10. 能到餐廳（例如：麥當勞）用餐。

11. 能協助家中或學校的工作。

12. 能參與購物及消費。

13. 參與課外活動。

14. 參與小組活動。

15. 參與靜態與動態團體活動（例如：團體遊戲、運動等）。

16. 會區分與熟悉的人及陌生人的互動方式。

17. 能適當的回應人、事、物。

18. 能獨處，或與人共處時，能保持合宜的社會行為。

19. 能獨自從事動態及靜態的活動（例如：看電視）。

20. 能適應日常作息活動的轉移。

21. 適應休息中不可預期的改變。

22. 會整理或看管好個人物品（例如：玩具、文具用品）。

23. 可以獨自完成遊戲／工作，沒有挫折感。

24. 能和他人一起玩或一起工作。

25. 能和殘障同儕互動及工作。

26. 會對警告或危險的訊號有反應（例如：聽到警報器響時，會逃離）。

27. 會選擇喜歡的物品、卡通節目、人、娛樂項目。

28. 會遵守團體的規則。

十三、科學

1. 照顧動物。

2. 養植物。

3. 觀察氣候變化。

4. 觀察及描述一些變化。

5. 探索自然環境。

6. 蒐集自然界的東西。

7. 問問題及做結論。

❀ 肆、領域學習活動課程 ❀

一、認知領域活動（32 個）

二、科學領域活動（18 個）

三、數學領域活動（19 個）

四、語文（含閱讀）領域活動（19 個）

五、精細動作（含美感）領域活動（19 個）

六、社會及情緒領域活動（1 個）

七、大動作領域活動（12 個）

一、認知領域活動

　　此部分的活動是為了檢核及增進幼兒認知能力所設計的課程，這些充滿知性及樂趣的活動，能激發幼兒的認知潛能，而藉著這些活動，培養他們蒐集、組織、運用資料的能力。

　　此部分的每項活動都劃分為四個技巧，每個技巧對認知能力的發展都非常的重要，這樣的劃分有利於教師在活動進行時檢核幼兒的表現。有些幼兒在這些技巧的某些方面，會有很出色的表現，但是從另一方面來說，也有些幼兒會在某些技巧上感到吃力或是缺乏興趣，而需要額外的幫助或鼓勵。

　　在認知領域開頭的三項活動進行後，教師會很清楚幼兒較強或較弱的技巧是在哪一方面，根據這些結果，可以修改其餘的活動以及日常的生活教學，以提供該幼兒最適合的認知能力訓練。雖然認知活動和其他領域的活動有重複的地方，但是仍應分開來討論，以利發展幼兒的思考，使其認知能力得到充分的發揮。

　　認知能力四個技巧的劃分方式如下：

1. 問題解決：能夠找出問題解決的方式，從眾多答案中找出最好的一個。
2. 記憶能力：記得資料的能力，發展良好的搜尋系統。
3. 了解事物的關係：能感覺出物體及事物之間的差異及共同性，並且能做比較和分辨。
4. 溝通能力：具有能把一些想法連貫及解釋的能力，而且能用較清晰及有趣的方法來表示。

和認知相關的學習經驗如下：

1. 能理解看到的圖（聽及理解 4）。
2. 能做圖與人、事、物的配對（聽及理解 8）。
3. 能探索及標明每樣事物的特性及名稱（分類 1）。
4. 能辨別及描述物品相同及相異之處（分類 2）。
5. 能描述每件事物的特徵，並知道其所屬的類別（分類 4）。

設計嘉年華服

學習經驗：主動學習、說、閱讀、寫、經驗及表達想法、社會學習。

材料：麥克筆、投影片、投影機、耶誕晚會影片（或其他相關耶誕節影片）。

教學內容	學習目標	評量結果			
		不會 1	尚可 2	較好 3	很好 4
1. 耶誕節快到了，老師展示去年錄的耶誕節影片讓幼兒看去年的造型。 2. 和幼兒討論今年的造型，並讓幼兒簡單畫出自己想要的造型。 3. 最後將畫投影出來讓幼兒指認，老師並將投影片內容加以延伸。	1. 能觀賞及討論去年的耶誕節影片。 2. 能說出今年自己欲做出何種造型參加耶誕節活動（例如：戴上耶誕老公公帽、穿上斗蓬）。 3. 會使用麥克筆在投影片上構圖。 4. 能掌握麥克筆，不畫出投影片外。 5. 能說出自己在投影片所繪內容。 6. 老師放投影片時能指認哪一張是自己的投影片。 7. 能安靜觀察他人所繪之投影片。				

評量結果：4 代表達成該項目標 75%以上，3 代表達成該項目標 50%～75%，2 代表達成該項目標 25%～50%，1 代表未達成該項目標 25%。

學習目標：共 7 項，通過項目（指評量較好或很好）共＿＿項。

針對特殊幼兒所做的調整：能說出造型即可，不需要畫出來。

延伸活動：辦耶誕晚會造型比賽。

休閒活動場合

學習經驗：說、經驗及表達想法。

材料：「運動與休閒」圖卡（文思堂）、學習單。

教學內容	學習目標	評量結果			
		不會 1	尚可 2	較好 3	很好 4
1. 請幼兒觀察圖片後說出所看到的圖片內容，同時請幼兒自由發表去過這些地方的經驗，是去做什麼？藉由自由發表了解場地的功能。 2. 請幼兒將相關的圖片配對，並說出配對後的所有圖片內容（例如：跑步、打球──運動場），藉由配對遊戲介紹什麼活動就要到什麼場合。 3. 使用學習單。	1. 能在觀察後說出圖片內容。 2. 能在自由發表經驗後，說出圖片中地點的功能。 3. 能將場合與活動配對。 4. 能獨立完成學習單。				

評量結果：4 代表達成該項目標 75%以上，3 代表達成該項目標 50%～75%，
　　　　　　2 代表達成該項目標 25%～50%，1 代表未達成該項目標 25%。

學習目標：共 4 項，通過項目（指評量較好或很好）共＿＿項。

針對特殊幼兒所做的調整：能說出學校中有哪些場地。

延伸活動：使用學校各項運動設施。

學習單 1

請將活動與場合連一連。

學習單2

請將活動與場合連一連。

學習經驗：空間、主動學習、說。

材料：塑膠房屋模型（有樓上及樓下）、動物玩偶。

教學內容	學習目標	評量結果			
		不會 1	尚可 2	較好 3	很好 4
1. 老師先拿出各種動物玩偶給幼兒看，再呈現房屋模型（有樓上及樓下），並指出上、下、裡、外，讓幼兒練習說出上、下、裡、外。 2. 將動物玩偶擺入屋中，並讓幼兒說出誰在上面、誰在下面，然後由屋內取出動物玩偶放在屋外，再問幼兒誰在外面，誰在裡面。 3. 讓幼兒自己擺設並說明誰在上、下、裡、外。	1. 能正確說出動物名稱。 2. 能正確說出上、下、裡、外。 3. 能正確說出誰在上面。 4. 能正確說出誰在下面。 5. 能正確說出誰在裡面。 6. 能正確說出誰在外面。 7. 能自己將動物玩偶放到屋內、外、上、下。 8. 能說明自己的動物玩偶放置的位置。				

評量結果：4 代表達成該項目標 75%以上，3 代表達成該項目標 50%～75%，
2 代表達成該項目標 25%～50%，1 代表未達成該項目標 25%。

學習目標：共 8 項，通過項目（指評量較好或很好）共____項。

針對特殊幼兒所做的調整：能說出動物玩偶名稱及放置動物玩偶到屋中。

延伸活動：「高大遠近」（請見下一個活動）。

學習經驗：時間、空間、主動學習。

材料：蒙特梭利圓柱體組、街道圖片。

教學內容	學習目標	評量結果			
		不會 1	尚可 2	較好 3	很好 4
1. 老師利用街道圖片介紹高、大、遠、近的概念。 2. 利用蒙氏圓柱體組介紹高、低的概念（相對概念）。 3. 再帶入較遠處看到物品較小、較近處看到物品較大的概念，至戶外場做遠、近比較。 4. 競走比賽：訂出競走比賽起跑點後，比賽誰走得較遠，誰走得較近。 5. 爬樓梯：透過爬樓梯感受高、矮及遠、近的關係（爬到上層較高、較遠）。	1. 能在觀察圖片後指出遠、近。 2. 能操作蒙氏教具並按高、矮排列圓柱。 3. 能有較遠處看到物品較小、較近處看到物品較大的概念。 4. 能玩競走比賽比較誰走得遠、誰走得近。 5. 能爬樓梯。 6. 能說出爬到幾樓。 7. 能說出誰樓梯爬得比較高。				

評量結果：4 代表達成該項目標 75%以上，3 代表達成該項目標 50%～75%，
　　　　　　2 代表達成該項目標 25%～50%，1 代表未達成該項目標 25%。

學習目標：共 7 項，通過項目（指評量較好或很好）共＿＿＿項。

針對特殊幼兒所做的調整：能指出高、矮。

延伸活動：「長短、高低、胖瘦、遠近」（請見下一個活動）。

長短、高低、胖瘦、遠近

學習經驗：分類、主動學習。

材料：球、蒙特梭利插座圓柱體。

教學內容	學習目標	評量結果			
		不會 1	尚可 2	較好 3	很好 4
1. 老師先帶幼兒至校園內觀察對比的兩棵樹，來引導高低、長短、胖瘦。 2. 請兩位幼兒各站在一棵樹旁（一位站在離其他幼兒近、一位站在離其他幼兒遠的地方），其他幼兒站在一定位置上看，觀察比較後說出哪個幼兒距離大家較近，哪個幼兒距離大家較遠。 3. 再請其他幼兒站在相對的位置上看這兩位幼兒，觀察後說出誰離大家距離近、誰距離遠（相對位置看遠近是不同的，沒有絕對的遠近）。 4. 之後老師利用滾球遊戲請幼兒觀看哪顆球滾較遠，哪顆球滾較近。 5. 最後回到教室請幼兒操作蒙特梭利插座圓柱體教具，按高→低、胖→瘦（寬→窄）的順序排列。	1. 能說出哪一棵樹比較高（長）。 2. 能說出哪一棵樹比較矮（低、短）。 3. 能說出哪一棵樹比較胖（寬），哪一棵樹比較瘦（窄）。 4. 能站在一定的位置上說出哪位幼兒距離近。 5. 能站在一定的位置上說出哪位幼兒距離遠。 6. 能站在相對的位置上說出誰距離近、誰距離遠。 7. 能遵守滾球遊戲的規則。 8. 滾球遊戲時，能說出誰的球滾得遠，誰的球滾得近。 9. 能操作教具，並按照高→低、胖→瘦的順序排列。				

評量結果：4 代表達成該項目標 75%以上，3 代表達成該項目標 50%～75%，
　　　　　　2 代表達成該項目標 25%～50%，1 代表未達成該項目標 25%。

學習目標：共 9 項，通過項目（指評量較好或很好）共＿＿項。

針對特殊幼兒所做的調整：能指認及說出數字。

延伸活動：「高樓大廈」（請見下一個活動）。

學習經驗：空間、說。

材料：房屋圖片、幼兒家的房屋相片、動物模型、娃娃屋、圖畫紙。

教學內容	學習目標	評量結果			
		不會 1	尚可 2	較好 3	很好 4
1.展示房屋圖片（如下頁圖），和幼兒討論自己住家住在幾樓。 2.請幼兒拿出自家的房屋相片，問幼兒一共有幾層樓，每一層有幾戶，哪一層樓有養動物。 3.拿出娃娃屋，老師將不同的動物模型放在不同的樓層，讓幼兒說出哪種動物模型在樓上，哪種動物模型在樓下，動物模型放在樓房的哪一個樓層內。 4.讓幼兒畫出有樓層的房屋，愈詳細愈好。	△從不同空間的角度觀察事物（空間3）： 1.能說出自己住家住在幾樓。 2.能數一數房屋圖片上一共有幾層樓。 3.能說出每一層有幾戶。 4.能找到動物模型所在的樓層。 5.能說出該層樓有幾隻動物模型。 6.能說出老師擺放動物模型所在的位置。 △經驗及描述物品之間的位置（空間4）： 7.能說出2種動物模型的相關位置。（同層或不同層、什麼動物在樓上、什麼動物在樓下）。 8.能畫出有樓層的房屋。				

評量結果：4代表達成該項目標75%以上，3代表達成該項目標50%～75%，2代表達成該項目標25%～50%，1代表未達成該項目標25%。

學習目標：共8項，通過項目（指評量較好或很好）共____項。

針對特殊幼兒所做的調整：

　　　　⑴能說出自己住的是不是樓房。

　　　　⑵如住樓房，能說出住在幾樓。

延伸活動：「居住環境」（請見下一個活動）。

學習經驗：說、經驗及表達想法。

材料：「關係配對」圖卡、學習單。

教學內容	學習目標	評量結果			
		不會 1	尚可 2	較好 3	很好 4
1. 請幼兒觀察圖片後說出圖片內容。 2. 藉由幼兒自由發表，回憶自己的生活習慣後，再請幼兒說說看圖片中物品的功能，通常會和什麼物品擺在一起。 3. 發下「關係配對」圖卡，讓幼兒將所有相關圖片進行配對遊戲。 4. 發下學習單，找一找圖片的好朋友在哪兒。	1. 能在觀察後說出圖片內容。 2. 能在回憶日常生活習慣後說出圖片中的物品功能。 3. 在了解物品功能後將圖片依功能分類。 4. 能將相關圖片配對。 5. 能將學習單上的關聯圖片連在一起。（吃飯—飯桌、床—睡覺、牙膏—刷牙、洗澡—香皂）				

評量結果：4 代表達成該項目標 75%以上，3 代表達成該項目標 50%～75%，2 代表達成該項目標 25%～50%，1 代表未達成該項目標 25%。

學習目標：共 5 項，通過項目（指評量較好或很好）共＿＿＿項。

針對特殊幼兒所做的調整：能說出物品名稱。

延伸活動：「街上的商店」（請見下一個活動）。

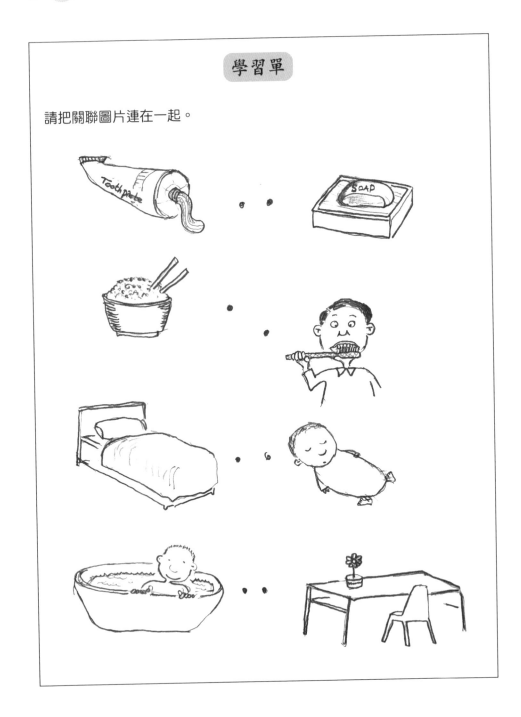

街上的商店

學習經驗：聽及理解、說、經驗及表達想法。

材料：繪本《烏鴉幸福商店》系列套書（小天下）、商店貼紙、圖畫紙、彩色筆、蠟筆。

教學內容	學習目標	評量結果			
		不會 1	尚可 2	較好 3	很好 4
1. 老師講述《烏鴉幸福商店》系列套書中麵包店的故事，再帶幼兒至校門口，請他們觀察學校附近有什麼商店（例如：郵局、水果店、大樓、7-11 商店、麥當勞、便當店）。 2. 帶幼兒參觀 7-11 商店，並請他們說出在 7-11 裡看到什麼？故事書上的商店和他們所參觀的有何不同？哪些商店上學途中也有看到？ 3. 把看到的商店畫在圖畫紙上（不會畫的幼兒可貼商店貼紙）。	1. 能聆聽老師說故事 3 分鐘。 2. 能說出自己在校門口看到什麼。 3. 能說出自己在 7-11 商店裡看到什麼。 4. 能說出故事書上的商店和他們所參觀的有何不同。 5. 能說出自己上學途中看到什麼商店。 6. 書中哪些商店在上學途中也會看到。 7. 能把看到的商店畫在圖畫紙上（或貼商店貼紙）。				

評量結果：4 代表達成該項目標 75%以上，3 代表達成該項目標 50%～75%，2 代表達成該項目標 25%～50%，1 代表未達成該項目標 25%。

學習目標：共 7 項，通過項目（指評量較好或很好）共____項。

針對特殊幼兒所做的調整：能說出在商店看到什麼。

延伸活動：「地板踩一踩」（請見下一個活動）。

學習經驗：說、寫、經驗及表達想法。

材料：海綿地墊。

教學內容	學習目標	評量結果			
		不會 1	尚可 2	較好 3	很好 4
1. 請幼兒分享放假時去了哪些地方，那些地方的地板有什麼特色。 2. 比較教室裡的木質地板與海綿地墊有何不同。 3. 比較石子地、磁磚地、草地、健康步道、pu 跑道、沙地、柏油地等，讓幼兒赤著腳踩踩看各種地板，感覺怎麼樣？ 4. 回教室後分享自己的感覺。	1. 能說出放假去了哪些地方。 2. 說出有哪些不同的地板。（二種以上）。 3. 能比較木質地板與海綿地墊之不同。 4. 到教室外能聽從老師指令。 5. 能說出踩過哪些地方。（三種以上）。 6. 能說出三種以上自己的感覺。 7. 能說出自己最喜歡踩的與最不喜歡踩的地方是那裡。				

評量結果：4 代表達成該項目標 75%以上，3 代表達成該項目標 50%～75%，
　　　　　　2 代表達成該項目標 25%～50%，1 代表未達成該項目標 25%。

學習目標：共 7 項，通過項目（指評量較好或很好）共＿＿＿項。

針對特殊幼兒所做的調整：能指出教室的地板。

延伸活動：找出學校的各種地板。

物品分類

學習經驗： 分類、主動學習、說、寫、社會學習。

材料： 各類物品（例如：交通工具模型、水果模型、文具等）、彩色筆、線、事先寫好名稱的標籤紙。

教學內容	學習目標	評量結果			
		不會 1	尚可 2	較好 3	很好 4
1. 分類遊戲：呈現一堆物品，請幼兒分類，並找出其共同的名稱（例如：交通工具、蔬菜、水果等）。 2. 連連看：將物品分兩邊放在地上，請幼兒將共同名稱的物品用棉線連結在一起。 3. 字與物的配對：分下列三種層次進行。 　層次一：自己找認識的字（已寫在標籤紙上），並貼在正確的位置。 　層次二：老師依序唸字，幼兒找出正確物品。 　層次三：先找出和老師手上一樣的字，再找出正確物品。	1. 能說出物品名稱。 2. 能依特性做分類。 3. 能說出多樣物品的共同名稱。 4. 能遵守遊戲規則。 5. 能等待。 6. 能使用正確單位名詞。 7. 能撕掉標籤紙。 8. 能將標籤紙貼在範圍內。 9. 能自己找認識的字貼在正確的物品上。 10. 老師依序唸字，能找出正確物品。 11. 能找出和老師手上一樣的字，再找出正確物品。				

評量結果： 4 代表達成該項目標 75%以上，3 代表達成該項目標 50%～75%，2 代表達成該項目標 25%～50%，1 代表未達成該項目標 25%。

學習目標： 共 11 項，通過項目（指評量較好或很好）共＿＿＿項。

針對特殊幼兒所做的調整： 能說出物品名稱。

延伸活動：「哪裡賣哪裡買」（請見下一個活動）。

哪裡賣哪裡買

學習經驗：分類、說、經驗及表達想法。

材料：實物、蔬菜（紅蘿蔔、青椒）、水果（蓮霧、柳橙）、麵包（吐司、紅豆、火腿、三明治、玉米）、糖果、餅乾、紙筆、籃子、盤子、標籤盒。

教學內容	學習目標	評量結果			
		不會 1	尚可 2	較好 3	很好 4
1. 發給每位幼兒一盤裝有三樣物品的盤子，請幼兒說出自己盤裡三樣點心的名稱（例如：糖果、麵包、柳橙）。 2. 讓幼兒將糖果、餅乾、麵包、蔬菜、水果、紙筆分類放置在指定的籃子內。 3. 最後請幼兒將桌上能吃的食物嚐嚐看，依鹹、甜分類，依指示將鹹的放在打×的標籤盒內，甜的放在打○的盒內，並說出哪些是鹹的，哪些是甜的。 4. 引導幼兒舉一反三，由老師發問，請幼兒依上述同類概念回答在哪裡買東西的問題。（衣服－服飾店；麵包－麵包店；蔬果－市場或水果店；餅乾、糖果－雜貨店；紙筆－文具店）	1. 能說出自己盤子裡的物品名稱。 2. 能依指示將下列物品拿起並放置在指定的籃子內： (1)糖果。 (2)餅乾。 (3)麵包。 (4)蔬菜。 (5)水果。 (6)紙筆。 3. 能依指示嚐一嚐桌上可食的食物味道。 4. 能將鹹的食物放在一起。 5. 能說出鹹的食物名稱。 6. 能將甜的食物放在一起。 7. 能說出甜的食物名稱。 8. 能在小組活動後回答老師的問題： (1)麵包－麵包店。 (2)蔬果－市場。 (3)糖果、餅乾－雜貨店。 (4)衣服－服飾店。 (5)鞋子－鞋店。 (6)紙筆－文具店。				

評量結果：4 代表達成該項目標 75%以上，3 代表達成該項目標 50%～75%，
　　　　　　2 代表達成該項目標 25%～50%，1 代表未達成該項目標 25%。

學習目標：共 8 項，通過項目（指評量較好或很好）共＿＿項。

針對特殊幼兒所做的調整：能說出物品名稱。

延伸活動：「書的分類」（請見下一個活動）。

書的分類

學習經驗：分類、主動學習、說、經驗及表達想法。

材料：布書、繪本、洞洞書、立體書、故事書。

教學內容	學習目標	評量結果			
		不會 1	尚可 2	較好 3	很好 4
1. 先讓幼兒到語文角各自拿一本書，說說自己拿的書和其他小朋友有何不同（大、小、圖案）。 2. 老師拿出各類形式的圖書，讓幼兒用手感覺每一種書的不同。 3. 讓幼兒依書本形式的不同做分類，並將自己剛才拿的書歸入類別中。	1. 能到語文角去拿一本書。 2. 能大致描述自己拿的書之外觀。（封面圖案、顏色） 3. 能用手翻閱各式圖書。 4. 會將同一形式種類的書找出（找出與老師手上相同的書）。 5. 會將各式書做分類。 6. 會將自己剛才拿的書歸類至類別中。				

評量結果：4 代表達成該項目標 75%以上，3 代表達成該項目標 50%～75%，2 代表達成該項目標 25%～50%，1 代表未達成該項目標 25%。

學習目標：共 6 項，通過項目（指評量較好或很好）共＿＿＿項。

針對特殊幼兒所做的調整：能翻書。

延伸活動：看書。

學習經驗：主動學習、聽及理解、說、經驗及表達想法。

材料：糯米漿（壓乾的）、糖、圖畫書、碗、湯匙、電磁爐、鍋子。

教學內容	學習目標	評量結果			
		不會 1	尚可 2	較好 3	很好 4
1. 老師講述「元宵姑娘——湯圓的故事」，並由幼兒發表元宵節在家中是否有吃湯圓？並說明吃湯圓的意義。 2. 大家一起來搓湯圓，比一比誰的湯圓較圓？較多？ 3. 湯圓做好後再來煮湯圓、吃湯圓，並發表感想。	1. 能說出自己吃湯圓的經驗。 2. 能知道吃湯圓的意義（由故事內容知道）。 3. 能參與搓湯圓活動。 4. 能說出誰的湯圓較圓？誰的湯圓較多？ 5. 能說出煮湯圓的方法。 6. 能說出吃了幾顆湯圓。 7. 能參與收拾的工作。				

評量結果：4 代表達成該項目標 75%以上，3 代表達成該項目標 50%～75%，
　　　　　　2 代表達成該項目標 25%～50%，1 代表未達成該項目標 25%。

學習目標：共 7 項，通過項目（指評量較好或很好）共＿＿項。

針對特殊幼兒所做的調整：能吃湯圓。

延伸活動：「嚐嚐看」（請見下一個活動）。

學習經驗：說、經驗及表達想法。

材料：吸管、杯子、彩色筆、柳橙汁、養樂多、巧克力牛奶。

教學內容	學習目標	評量結果			
		不會 1	尚可 2	較好 3	很好 4
1. 準備柳橙汁、養樂多、巧克力牛奶等飲料讓幼兒品嚐。 2. 將幼兒眼睛矇住，讓幼兒品嚐並說出味道。 3. 讓幼兒體會除了用眼睛看還可用什麼方式來了解物體。	△問問題（說 7）： 1. 能回答這是什麼飲料。 2. 能回答飲料的顏色（能和彩色筆配對）。 △能經由感官認識物體（主動學習 2）： 3. 能品嚐飲料。 4. 能說出飲料的味道。（甜、酸） 5. 能將眼睛矇住品嚐飲料。 6. 能用味覺說出是什麼飲料。 △藉由操作了解物體之間的關係（主動學習 3）： 7. 能說出除了用眼睛看，也可以用什麼器官來了解物體。（嘴巴、耳朵、手）				

評量結果：4 代表達成該項目標 75%以上，3 代表達成該項目標 50%～75%，2 代表達成該項目標 25%～50%，1 代表未達成該項目標 25%。

學習目標：共 7 項，通過項目（指評量較好或很好）共＿＿項。

針對特殊幼兒所做的調整：能喝飲料。

延伸活動：品嚐點心。

學習經驗：主動學習、說、閱讀、寫、經驗及表達想法、科學。

材料：繪本《山田家的氣象報告》（維京）、彩色筆、紙。

教學內容	學習目標	評量結果			
		不會 1	尚可 2	較好 3	很好 4
1. 先讓幼兒發表晴天、雨天可以做什麼，再向幼兒介紹繪本《山田家的氣象報告》，在日本的山田家，早上是晴天，但是也有可能淹大水或是吹起龍捲風喔！ 2. 介紹晴天（太陽）、雨天（雨水和及陰天的特徵，及「晴、陰、大雨、小雨」的字，然後要幼兒唸出「晴、陰、大雨、小雨」等字，要幼兒依照紙上文字，在其下方空格畫圖，並說明自己畫的內容。	1. 能發表自己在晴天、雨天所做的活動或裝備。 2. 能聽老師介紹書中的天氣分為哪幾類。 3. 能唸出老師紙上所寫的「晴、陰、大雨、小雨」文字。 4. 能依照紙上文字，在其下方空格畫圖。 5. 所畫的圖能符合上面的文字。 6. 能說明自己畫的意義。				

評量結果：4 代表達成該項目標 75%以上，3 代表達成該項目標 50%～75%，2 代表達成該項目標 25%～50%，1 代表未達成該項目標 25%。

學習目標：共 6 項，通過項目（指評量較好或很好）共＿＿項。

針對特殊幼兒所做的調整：能說出今天的天氣。

延伸活動：看氣象報告。

多彩多姿的顏色

學習經驗： 分類、空間、主動學習、科學。

材料： 三原色溶液（紅、黃、藍）、衛生紙、色板、滴管、學習單。

教學內容	學習目標	評量結果			
		不會 1	尚可 2	較好 3	很好 4
1. 先放置紅、黃、藍三色水溶液，讓幼兒分別說出這三種溶液的顏色。 2. 告訴幼兒要變魔術了，分別將紅、藍、黃三色水溶液滴在衛生紙上（若效果不佳改空盒子），看看會變成什麼顏色。 3. 發給幼兒 3 張摺好的衛生紙（或 3 個空盒子），讓他們自行混合三原色。 4. 在幼兒操作完畢後，發給每人 6 塊色板（紅、黃、藍、橙、紫、綠），老師說拿出紅色的板子，幼兒便要依指示拿出紅色板子。程度較好者，可讓其選擇混合色。 5. 發給幼兒學習單及每位幼兒 3 張色紙（橙、紫、綠），讓他們自行黏貼在正確的位置上。程度較差者，老師可從旁輔助之。	1. 能正確分辨三原色且說出顏色。 2. 能說出混合色的名稱。（橙、紫、綠） 3. 能以滴管吸出水溶液。 4. 能將水溶液滴在衛生紙上混合。 5. 能依老師口頭指示拿出正確的三原色色板。（紅、黃、藍） 6. 能依老師口頭指示拿出正確的混色色板。（橙、紫、綠） 7. 能在紅、黃後面貼上橙色紙。 8. 能在紅、藍後面貼上紫色紙。 9. 能在藍、黃後面貼上綠色紙。				

評量結果： 4 代表達成該項目標 75%以上，3 代表達成該項目標 50%～75%，2 代表達成該項目標 25%～50%，1 代表未達成該項目標 25%。

學習目標： 共 9 項，通過項目（指評量較好或很好）共＿＿＿項。

針對特殊幼兒所做的調整： 能說出顏色。

延伸活動：「認識三原色」（請見下一個活動）。

學習單

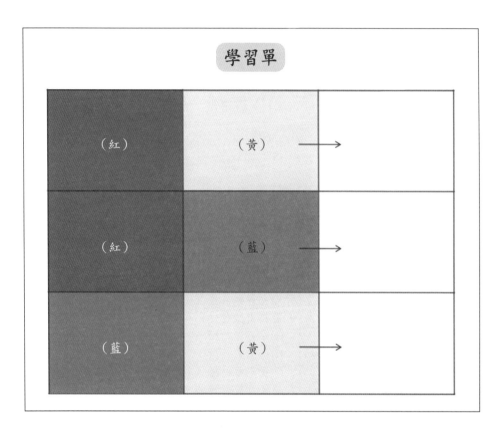

認識三原色

學習經驗：分類、空間、主動學習、科學。

材料：紅黃藍三色玻璃紙、廣告顏料、圖畫紙、水彩筆、水、擦布。

教學內容	學習目標	評量結果			
		不會 1	尚可 2	較好 3	很好 4
1. 展示玻璃紙，讓幼兒指出其顏色為何。 2. 將黃色及紅色玻璃紙重疊後，看其顏色變化，並將各色重疊且觀看之。 3. 使用廣告顏料中的三原色，用水彩示範，塗在紙上，並呈現紅＋黃＝橙、紅＋藍＝紫、黃＋藍＝綠，最後讓幼兒親自操作並了解。	1. 能指出三原色（紅、黃、藍）。 2. 能將玻璃紙貼在眼前觀看。 3. 能說出看出來的顏色變化。 4. 能將每 2 張的玻璃紙重疊看。 5. 能安靜觀看老師示範。 6. 能指出顏色變化： 　(1)紅＋黃＝橙。 　(2)紅＋藍＝紫。 　(3)黃＋藍＝綠。 7. 能親自操作作品。				

評量結果：4 代表達成該項目標 75%以上，3 代表達成該項目標 50%～75%，
　　　　　　2 代表達成該項目標 25%～50%，1 代表未達成該項目標 25%。

學習目標：共 7 項，通過項目（指評量較好或很好）共＿＿＿項。

針對特殊幼兒所做的調整：能說出玻璃紙的顏色。

延伸活動：讓幼兒上美勞活動，實際體會顏色的變化。

學習經驗：分類、空間、主動學習、科學。

材料：水彩、水彩筆、圖畫紙、水。

教學內容	學習目標	評量結果			
		不會 1	尚可 2	較好 3	很好 4
複習三原色——紅、黃、藍，並加上第二種顏色調成另一種顏色，例如：紅＋黃→橙，拿橙色加以對比，讓幼兒由操作中了解到橙色是由紅色及黃色構成，再讓幼兒動手去實驗。	1. 能說出彩色顏料紅、黃、藍三色名稱。 2. 能自己動手操作水彩調色盤，使： 　(1)紅＋黃→橙。 　(2)黃＋藍→綠。 　(3)藍＋紅→紫。 3. 能透過操作後說出： 　(1)紅＋黃變成橙色。 　(2)黃＋藍變成綠色。 　(3)藍＋紅變成紫色。 4. 能自橙、綠、紫三種顏色中加入紅、黃、藍色。				

評量結果：4 代表達成該項目標 75%以上，3 代表達成該項目標 50%～75%，
　　　　　　2 代表達成該項目標 25%～50%，1 代表未達成該項目標 25%。

學習目標：共 4 項，通過項目（指評量較好或很好）共＿＿＿項。

針對特殊幼兒所做的調整：能將兩種顏色加在一起。

延伸活動：「配對顏色形狀」（請見下一個活動）。

學習經驗： 分類、空間、主動學習

材料：「形形色色套組」、顏色形狀配對表、色紙（已裁成△、○、□）、
圖畫紙。

教學內容	學習目標	評量結果			
		不會 1	尚可 2	較好 3	很好 4
介紹坊間教具「形形色色套組」，讓幼兒學習做形狀及顏色配對，將某種顏色和某種形狀的色片（如沒有色片，可將各種顏色的色紙裁成各種形狀代替），放在對應的形狀及顏色的格子中，例如：將黃色圓形的色片放在圓形那一欄下面，對應黃色那一格，可自行設計「顏色形狀配對表」，再讓幼兒用裁成不同形狀的色紙，組合成不同圖案。	△使用一種標準來比較事物（分類7）： 1. 會配對相同顏色及相同形狀的色片。 2. 會將色片依不同顏色分類。 3. 會依不同形狀分類色片。 4. 會依不同形狀和顏色分類色片。 △藉由操作了解物體之間的關係（主動學習3）： 5. 會將已裁好△、○、□的色紙在圖畫紙上組合成不同的圖案。（例如：車子、房子等）				

評量結果： 4 代表達成該項目標 75%以上，3 代表達成該項目標 50%～75%，
2 代表達成該項目標 25%～50%，1 代表未達成該項目標 25%。

學習目標： 共 5 項，通過項目（指評量較好或很好）共____項。

針對特殊幼兒所做的調整： 事先將圖案上畫出形狀讓幼兒貼。

延伸活動：「正方形序列」（請見下一個活動）。

顏色形狀配對表

	□	○	△	◇	☆	◎	◯	▭	▱
紅色									
藍色									
黃色									
黑色									
白色									
綠色									
咖啡色									
紫色									
澄色									
粉紅色									

正方形序列

學習經驗：分類、主動學習、說。

材料：紅黃藍三色色紙剪成小正方形、長條紙、膠水。

教學內容	學習目標	評量結果			
		不會 1	尚可 2	較好 3	很好 4
1. 老師呈現一長條紙上有不同顏色之正方形，請幼兒觀察顏色的變化。可在長條紙上貼各種顏色正方形，如果隨意排列就不是序列，如果一紅、一白排列就形成序列。 2. 換幼兒自己在長條紙上利用不同顏色，排出一長條形狀序列。 3. 輪流與幼兒分享自己的顏色序列作品。	1. 能說出三色色紙的顏色名稱。 2. 能說出老師呈現的顏色序列結構。 3. 能用膠水將正方形黏在長條紙上。 4. 能自行排出顏色序列。 5. 能說出自己的序列結構。 6. 能再另做一條較自己原作更複雜的顏色序列。 7. 能將長條紙接在一起欣賞。				

評量結果：4 代表達成該項目標 75%以上，3 代表達成該項目標 50%～75%，2 代表達成該項目標 25%～50%，1 代表未達成該項目標 25%。

學習目標：共 7 項，通過項目（指評量較好或很好）共＿＿＿項。

針對特殊幼兒所做的調整：能使用膠水。

延伸活動：「認識形狀」（請見下一個活動）。

認識形狀

學習經驗：分類、主動學習、說。

材料：實物模型（蛋、餅乾、書、小帽）、積木及卡片（○、△、□）、形狀拼圖、圖畫紙、色紙、剪刀、彩色筆。

教學內容	學習目標	評量結果			
		不會 1	尚可 2	較好 3	很好 4
1. 呈現○、△、□積木在桌上，請幼兒指認，讓幼兒們都認識○、△、□。 2. 請幼兒將積木與圖片配對。 3. 讓幼兒將手中之實物模型和正確的形狀放在一起。 4. 再讓幼兒操作形狀拼圖，認識○、△、□。 5. 認識色紙形狀。 6. 學習將色紙對摺成不同形狀。 7. 讓幼兒使用色紙折出三角形及長方形。 8. 讓幼兒將剪下的圖形組合成各種圖形。 9. 圖形創作。	1. 能指認○、△、□積木。 2. 能將○、△、□圖片與積木配對。 3. 能將手中之實物模型和正確的形狀放在一起。 4. 能將圖形放入正確位置。 5. 能說出色紙是□。 6. 能模仿老師將色紙對折成◿。 7. 能模仿老師將色紙對折成▭。 8. 能將對折後的◿、▭剪下。 9. 能將剪下的◿、▭各自拼回□。 10. 能說出◿及◺可以組合成□。 11. 能利用剪下的圖形創作各種圖案。				

評量結果：4 代表達成該項目標 75%以上，3 代表達成該項目標 50%～75%，2 代表達成該項目標 25%～50%，1 代表未達成該項目標 25%。

學習目標：共 11 項，通過項目（指評量較好或很好）共＿＿項。

針對特殊幼兒所做的調整：能玩積木。

延伸活動：「形狀序列（一）」（請見下一個活動）。

學習經驗：分類、主動學習、說。

材料：形狀圖卡（△、□）、形狀磁鐵、長條紙、膠水。

教學內容	學習目標	評量結果			
		不會 1	尚可 2	較好 3	很好 4
1. 先複習顏色序列，再延伸至形狀不同的序列。 2. 介紹使用形狀圖卡。 3. 最後讓幼兒將形狀圖卡貼在長條紙上展示。	1. 會說出磁鐵顏色。 2. 會將同顏色的磁鐵分類。 3. 會用磁鐵顏色排出序列。 4. 會說出手中的磁鐵有哪些形狀。 5. 能依指示用磁鐵形狀作序列。 6. 能使用△、□圖卡，依自己喜好的序列排出。 7. 能將已排好之形狀用膠水貼在長條紙上。				

評量結果：4 代表達成該項目標 75%以上，3 代表達成該項目標 50%～75%，2 代表達成該項目標 25%～50%，1 代表未達成該項目標 25%。

學習目標：共 7 項，通過項目（指評量較好或很好）共＿＿項。

針對特殊幼兒所做的調整：能使用磁鐵。

延伸活動：「形狀序列（二）」（請見下一個活動）。

形狀序列（二）

學習經驗：數、分類、主動學習、聽及理解。

材料：色紙（裁成△、□、○）、長條紙。

教學內容	學習目標	評量結果			
		不會 1	尚可 2	較好 3	很好 4
1. 認識△、□、○後，請幼兒找出衣服上是否有△、□、○的形狀。 2. 請幼兒拿出與老師指示相同數量的形狀（例如：2個○、1個□，3個△），然後在長條紙上依指定的順序和數量排列出來。 3. 請幼兒依照前述排列順序依序將形狀用膠水黏到長條紙上，做成皇冠戴在頭上。	1. 能說出△、□、○。 2. 能說出自己衣服上有△、□、○的部位。 3. 能依老師指示拿出相同的形狀。 4. 能依老師指示拿出相同數量的形狀。 5. 能依指示的順序與數量，將形狀排列在長條紙上。 6. 能用膠水將排列的形狀色紙貼在長條紙上。 7. 能依照老師指定的排列順序排形狀，並用膠水黏到長條紙上。 8. 能將做好的皇冠戴在頭上。				

評量結果：4 代表達成該項目標 75%以上，3 代表達成該項目標 50%～75%，2 代表達成該項目標 25%～50%，1 代表未達成該項目標 25%。

學習目標：共 8 項，通過項目（指評量較好或很好）共＿＿＿項。

針對特殊幼兒所做的調整：能指出形狀。

延伸活動：「形狀序列（三）」（請見下一個活動）。

形狀序列（三）

學習經驗：數、分類、說、社會學習。

材料：色紙剪成的△及□、膠水、長條紙、已貼好形狀的長條紙 2 條。

教學內容	學習目標	評量結果			
		不會 1	尚可 2	較好 3	很好 4
1. 老師呈現一條形狀序列長條火車，請幼兒觀察每節車廂的變化。 △□△□ 2. 老師再呈現另一條形狀序列長條紙，請幼兒看這一條的形狀排序和前一條的不同處。 △□△□△□ 3. 換幼兒自己在長條紙上利用不同形狀排出一長條形狀序列。 4. 輪流與同學分享自己的形狀序列作品。	1. 能說出所看到的形狀變化。 2. 能比較出 2 條長條紙有什麼不同。 3. 能自己做出 1 條形狀長條的作品。 4. 能與同學分享自己的作品。 5. 能專心聽其他同學的分享。				

評量結果：4 代表達成該項目標 75%以上，3 代表達成該項目標 50%～75%，
　　　　　　2 代表達成該項目標 25%～50%，1 代表未達成該項目標 25%。

學習目標：共 5 項，通過項目（指評量較好或很好）共＿＿項。

針對特殊幼兒所做的調整：能說出形狀。

延伸活動：「形狀的變化」（請見下一個活動）。

形狀的變化

學習經驗：分類、主動學習、聽及理解、說。

材料：形狀餅乾、花生醬、紙盤、奶油刀、□盒子、○茶杯蓋、▭書、△積木、彩豆。

教學內容	學習目標	評量結果			
		不會 1	尚可 2	較好 3	很好 4
1. 將□盒子、○茶杯蓋、▭書、△積木逐一詢問幼兒：這是什麼東西？什麼形狀？再打開各式餅乾問這是什麼形狀？ 2. 引導幼兒觀察日常生活中許多東西的形狀，例如：餅乾有○、△、□、▭ 等形狀，讓幼兒塗抹花生醬，以認識各種形狀。 3. 用各種形狀的彩豆拼成各種形狀造型，在遊戲中學習形狀變化及形狀組合。	1. 能正確說出形狀： ⑴盒子是□。 ⑵茶杯蓋是○。 ⑶書是▭。 ⑷積木是△。 2. 能說出哪些東西有○、△、□、▭。 3. 能用刀子塗抹花生醬於不同形狀的餅乾上。 4. 能用各種形狀之彩豆拼成造型。				

評量結果：4 代表達成該項目標 75%以上，3 代表達成該項目標 50%～75%，2 代表達成該項目標 25%～50%，1 代表未達成該項目標 25%。

學習目標：共 4 項，通過項目（指評量較好或很好）共＿＿項。

針對特殊幼兒所做的調整：能吃餅乾。

延伸活動：「馬賽克拼貼」（請見下一個活動）。

學習經驗：分類、主動學習、聽及理解、說。

材料：馬賽克幾何拼圖。

教學內容	學習目標	評量結果			
		不會 1	尚可 2	較好 3	很好 4
1. 發給每位幼兒形狀板，老師呈現其中一種形狀，請幼兒拿一樣的形狀，並說出形狀名稱。 2. 請幼兒選擇一個最喜歡的形狀。 3. 讓幼兒描繪形狀的邊並做形狀聯想（畫或說）。 4. 發給每位幼兒一份馬賽克形狀、彩豆及底板，請幼兒就拿到之物組合成各種形狀的聯想圖（可與他人交換形狀）。 5. 請幼兒發表其作品，並陳列在角落，供隨時觀賞。	1. 能做形狀配對。（圓形、三角形、正方形、長方形） 2. 能說出形狀名稱。（圓形、三角形、正方形、長方形） 3. 能選擇自己喜歡的形狀。 4. 能描繪形狀的邊。 5. 能做形狀聯想。（來不及畫者可用說明） 6. 會利用手上物品構圖。 7. 會與他人交換所需形狀。 8. 能持續活動 5 分鐘。 9. 能解說自己的構圖。 10. 能算出自己用幾種形狀各幾個（例如：圓形 3 個、正方形 5 個）。				

評量結果：4 代表達成該項目標 75% 以上，3 代表達成該項目標 50%～75%，
　　　　　2 代表達成該項目標 25%～50%，1 代表未達成該項目標 25%。

學習目標：共 10 項，通過項目（指評量較好或很好）共＿＿＿項。

針對特殊幼兒所做的調整：能說出形狀。

延伸活動：認識教室的形狀。

水果面面觀

學習經驗：分類、主動學習、聽及理解、說、社會學習。

材料：蘋果、橘子、蕃茄、葡萄、奇異果、香蕉、削刀、水果刀。

教學內容	學習目標	評量結果			
		不會 1	尚可 2	較好 3	很好 4
準備蘋果、橘子、蕃茄、葡萄、奇異果、香蕉，每種幾個，讓幼兒認識及食用。	1. 能指認老師所說之水果。 2. 能說出老師指定之水果名稱。 3. 能做水果類別的分類。（把一樣的放在一起） 4. 能依水果大小依序排列。 5. 能說出哪些水果需要剝皮。 6. 能將葡萄、香蕉、橘子的皮剝開。 7. 能說出哪些水果需要削皮。（蘋果、奇異果） 8. 能在協助下使用削刀。 9. 能在協助下使用水果刀切水果。（蕃茄、奇異果）				

評量結果：4 代表達成該項目標 75%以上，3 代表達成該項目標 50%～75%，2 代表達成該項目標 25%～50%，1 代表未達成該項目標 25%。

學習目標：共 9 項，通過項目（指評量較好或很好）共＿＿＿項。

針對特殊幼兒所做的調整：能自己吃水果。

延伸活動：認識午餐的水果。

學習經驗：聽及理解、說。

材料：「誰是誰歸類遊戲卡」教具（信誼）。

動作：跳繩、放風箏、溜冰、打電話、盪鞦韆、掃地、釣魚、騎車、吃東西、睡覺、撐傘、看書。

動物：兔子、貓、熊、狐狸、雞、鼠、狗、牛、青蛙、豬、猴子、象。

教學內容	學習目標	評量結果			
		不會 1	尚可 2	較好 3	很好 4
先介紹「誰是誰」教具，介紹裡面的圖片，圖片以動物為主，讓幼兒用完整句子說出圖片中的動物名稱及動作，然後玩尋找相同動作的動物卡片，或是尋找相同動物但不同動作的圖片遊戲。	1. 能看圖片中的動物後正確說出圖片中的動物名稱。 2. 能說出圖片中的動作名稱。 3. 能看圖片說出一個完整句子，例如：老鼠在打電話。 4. 能輪流玩尋找相同動作的動物卡片。 5. 能找出每種動物但不同動作的卡片。 6. 會協助幼兒尋找卡片。				

評量結果：4 代表達成該項目標 75%以上，3 代表達成該項目標 50%～75%，2 代表達成該項目標 25%～50%，1 代表未達成該項目標 25%。

學習目標：共 6 項，通過項目（指評量較好或很好）共＿＿＿項。

針對特殊幼兒所做的調整：能做出動作。

延伸活動：「誰是誰（二）」（請見下一個活動）。

誰是誰（二）

學習經驗：聽及理解、說。

材料：遊戲卡、「誰是誰歸類遊戲卡」教具（信誼）。

教學內容	學習目標	評量結果			
		不會 1	尚可 2	較好 3	很好 4
將圖片放在桌子上，先介紹圖片中的內容，然後分牌（圖卡）給幼兒玩「大家一起找圖片」的遊戲，讓幼兒聽指令找圖片，這次老師給的指令較長，幼兒必須仔細的聽，才能找到正確的圖片。	1. 能看到圖片後說出動物名稱及動作名稱。 2. 能注意聽一句話找到該圖卡，例如：掃地。 3. 能注意聽兩句話找到該圖卡，例如：有一隻穿著藍色褲子的動物在盪鞦韆。 4. 能注意聽三句話找到該圖卡，例如：我是一隻小老鼠，穿著藍色褲子在盪鞦韆。 5. 能注意聽四句話找出正確圖卡。				

評量結果：4 代表達成該項目標 75%以上，3 代表達成該項目標 50%～75%，
2 代表達成該項目標 25%～50%，1 代表未達成該項目標 25%。

學習目標：共 5 項，通過項目（指評量較好或很好）共＿＿項。

針對特殊幼兒所做的調整：能找出動物就好。

延伸活動：做出動作讓幼兒熟悉動作名稱。

比長短（一）

學習經驗：數、分類、主動學習、說、經驗及表達想法、科學。

材料：竹筷、長短蠟燭、長短吸管、圖畫紙、膠帶、長短線、長短鉛筆、麥克筆、長短尺、藍子。

教學內容	學習目標	評量結果			
		不會 1	尚可 2	較好 3	很好 4
1. 讓幼兒觀察材料的不同點（有長有短），藉此引導帶入長短觀念。 2. 請幼兒想想看日常生活或用品上有哪些會用到長短的比較（例如：長頭髮、短頭髮、長褲、短褲）。 3. 請幼兒將材料相同的兩兩比較，將長的放在藍子內，短的交給老師，最後將所有材料一起比，由最長排到最短，老師協助做記錄。	1. 在觀察材料後，說出其不同點。（長、短） 2. 說出日常生活上有哪些物品是用長短來描述。 3. 能參與發表。 4. 能自己操作材料做比較。 5. 能將材料依長短分類。 6. 能將材料從最長到最短排列。 7. 能和老師一起合作做記錄。				

評量結果：4 代表達成該項目標 75% 以上，3 代表達成該項目標 50%～75%，2 代表達成該項目標 25%～50%，1 代表未達成該項目標 25%。

學習目標：共 7 項，通過項目（指評量較好或很好）共＿＿＿項。

針對特殊幼兒所做的調整：能將材料依長短分類。

延伸活動：在教室放長短不同的物品供幼兒探索。

比長短（二）

學習經驗：分類、主動學習。

材料：長短鉛筆、長短牙籤、毛線、緞帶、剪刀、膠台、圖畫紙、彩色筆、繩子、長短吸管、長短蠟燭。

教學內容	學習目標	評量結果			
		不會 1	尚可 2	較好 3	很好 4
1. 取出長短鉛筆讓幼兒分辨其不同是因為鉛筆一長一短，並取出吸管、牙籤、蠟燭，讓幼兒認識，並比較其長短。 2. 發給幼兒一人一條緞帶，讓幼兒用剪刀將緞帶剪成一長一短兩段，並將剪好的緞帶依長短分開放置。 3. 發下一張圖畫紙（每人一張），並請幼兒將紙張摺成一半，一面畫一長線，另一面畫一短線。 4. 讓幼兒將長的緞帶貼至長線的那一邊，將短的緞帶貼至短線的那一邊。	1. 能說出材料名稱。（八種） 2. 能分辨材料之長短。 3. 能使用剪刀剪毛線（或緞帶）。 4. 能將緞帶剪成一長一短。 5. 能將長短不一的材料依長短排列。 6. 能依指示將圖畫紙摺成一半。 7. 能在圖畫紙兩面各畫一條線，一長一短。 8. 能將緞帶依長短分類黏貼。				

評量結果：4 代表達成該項目標 75%以上，3 代表達成該項目標 50%～75%，2 代表達成該項目標 25%～50%，1 代表未達成該項目標 25%。

學習目標：共 8 項，通過項目（指評量較好或很好）共____項。

針對特殊幼兒所做的調整：能使用剪刀。

延伸活動：將緞帶、毛線等材料放在角落讓幼兒剪成不同長短。

腳印誰大誰小

學習經驗：分類、主動學習、說。

材料：蠟筆、圖畫紙、剪刀。

教學內容	學習目標	評量結果 不會 1	尚可 2	較好 3	很好 4
讓幼兒伸出腳，以蠟筆在圖畫紙上描繪腳的輪廓，再剪下腳的形狀和他人比大小。	1. 能安靜的仔細觀察腳。 2. 能在仔細觀察後提出所看見的東西。 3. 能說出蠟筆中的六種顏色。 4. 會將腳踩在圖畫紙上，沿著腳邊緣描畫輪廓。 5. 會塗各種顏色。 6. 會用剪刀將腳的形狀剪下來。 7. 能比一比說出誰的腳最大。 8. 會將紙屑丟進垃圾桶。				

評量結果：4 代表達成該項目標 75%以上，3 代表達成該項目標 50%～75%，2 代表達成該項目標 25%～50%，1 代表未達成該項目標 25%。

學習目標：共 8 項，通過項目（指評量較好或很好）共＿＿＿項。

針對特殊幼兒所做的調整：能描繪腳的輪廓。

延伸活動：將腳的形狀排列貼在角落，讓幼兒猜一猜是誰的腳。

二、科學領域活動

此部分的活動是為了檢核及增進幼兒科學能力所設計的課程，內容以幼兒所居住的環境與世界為中心，其中有些活動非常的生活化，有些活動則具有高度的挑戰性和趣味性。

此部分的每項活動都劃分為四個技巧，每個技巧對科學能力的發展都非常的重要，這樣的劃分有利於教師在活動進行時檢核幼兒的表現。有些幼兒在這些技巧的某些方面，會有很出色的表現，但是從另一方面來說，也有些幼兒會在某些技巧上感到吃力或是缺乏興趣，而需要額外的幫助或鼓勵。

在科學領域開頭的三項活動進行後，教師會很清楚幼兒較強或較弱的技巧是在哪一方面，根據這些結果，可以修改其餘的活動以及日常的生活教學，以提供該幼兒最適合的科學能力訓練。

科學能力四個技巧的劃分方式如下：

1. 觀察：能看出及說出物品或事件的屬性及其間的異同或變化。
2. 解決問題：能藉著觀察，運用不同的策略（例如：刪除、對照和比較的方式）提出問題、回答問題、找出答案。
3. 組織：能配對、分類、組合及依序排列物品或事件。
4. 記憶：能回憶與科學有關的資訊，對於新的資訊具有強烈的求知慾和記憶能力。

科學的學習經驗以科學及主動學習為主，主動學習的細目如下：

1. 能經由感官主動探索，認識各種物品的材料的功能及特性，並正確操作（主動學習 2）。
2. 藉由操作了解物體之間的關係（主動學習 3）。
3. 操作、轉換及組合材料（主動學習 5）。

學習經驗：主動學習、說、科學。

材料：紙、牛奶、蠟燭、打火機。

教學內容	學習目標	評量結果			
		不會 1	尚可 2	較好 3	很好 4
1. 呈現牛奶。 2. 在紙上用牛奶作畫。 3. 再將紙放在火上烤，讓幼兒說出看到了什麼。	△能主動探索各種材料的功能及特性（主動學習 2）： 1. 能說出老師呈現的物品名稱。 2. 能說出物品的功能。（至少一種） △操作、轉換及組合材料（主動學習 5）： 3. 能用手沾牛奶畫在紙上。 △觀察及描述一些變化（科學 4）： 4. 能看老師將畫放在火上烤。 5. 能說出畫中什麼不見了。 6. 能說出看見畫的是什麼。 7. 能說出操作過程。				

評量結果：4 代表達成該項目標 75%以上，3 代表達成該項目標 50%～75%，2 代表達成該項目標 25%～50%，1 代表未達成該項目標 25%。

學習目標：共 7 項，通過項目（指評量較好或很好）共＿＿項。

針對特殊幼兒所做的調整：能說出「牛奶」。

延伸活動：「隱形墨水」（請見下一個活動）。

隱形墨水

學習經驗：空間、主動學習。

材料：《兒童季節：12 月的冬天》（人類文化）、蠟燭台、橘子、火柴、圖畫紙、棉花棒。

教學內容	學習目標	評量結果			
		不會 1	尚可 2	較好 3	很好 4
1. 老師展示橘子圖片，介紹橘子生產的季節及特色。 2. 將橘子分給幼兒，再擠壓成汁。 3. 請幼兒利用棉花棒沾橘子汁於圖畫紙上作畫。 4. 將蠟燭點上，利用火烤橘子汁畫即能出現圖畫（注意：火烤宜由老師進行，幼兒只需注意圖畫之變化）。	1. 能對書中的圖片感興趣。 2. 能說出圖片中的水果名稱。 3. 能說出橘子的產季。 4. 能品嚐橘子並說出味道。 5. 能擠壓橘子汁。 6. 能用棉花棒沾橘子汁（適量）。 7. 能使用材料完成橘子汁畫。 8. 能為自己的畫命名。 9. 能專心觀察實驗之火烤畫。 10. 能說出橘子汁做的畫被火烤後的變化。 11. 能說出變化前後的不同： 　(1)前：無色的圖畫。 　(2)後：褐色的圖畫。				

評量結果：4 代表達成該項目標 75%以上，3 代表達成該項目標 50%～75%，2 代表達成該項目標 25%～50%，1 代表未達成該項目標 25%。

學習目標：共 11 項，通過項目（指評量較好或很好）共____項。

針對特殊幼兒所做的調整：能吃橘子。

延伸活動：找相關的圖書驗證實驗結果。

最美麗的紙

學習經驗：主動學習、聽及理解、說、經驗及表達想法。

材料：圖畫紙、白紙、報紙、廣告紙、餐巾紙、廣告顏料、水彩、杯子數個。

教學內容	學習目標	評量結果			
		不會 1	尚可 2	較好 3	很好 4
1. 介紹各種紙張及其用途。 2. 老師將圖畫紙、白紙、報紙、廣告紙、餐巾紙剪成一段段寬窄長度相同的紙條。 3. 請幼兒將每種紙條放進裝著水的杯子內 1 分鐘，比一比哪一種紙條最吸水。 4. 介紹廣告顏料、水彩及其他上顏色的方法。 5. 分給每位幼兒一張餐巾紙，利用紅、黃、藍三原色以隨機方式在上面調出各種顏色。 6. 將餐巾紙的每個角浸在水杯裡一下。 7. 將餐巾紙的展開讓幼兒發現每一張紙都是佳作（未展開前無法預知，過程充滿了驚喜）。 8. 給幼兒事先準備的各種紙，比較哪一種能畫出美麗的圖案。	1. 能說出紙的名稱。 2. 能說出不同的紙有不同的用途。 3. 能將紙條放入水中。 4. 能比較及說出哪一種紙的吸水力最好。（餐巾紙） 5. 能自己調色。 6. 能使用蠟筆、彩色筆、水彩、廣告顏料畫圖。 7. 能將餐巾紙的每個角浸在水杯裡一下。 8. 能將餐巾紙展開。 9. 能說出展開圖案的感覺。 10. 能使用其他紙製作出美麗的圖案。 11. 能說出哪一種紙能畫出美麗的圖案。				

評量結果：4 代表達成該項目標 75%以上，3 代表達成該項目標 50%～75%，2 代表達成該項目標 25%～50%，1 代表未達成該項目標 25%。

學習目標：共 11 項，通過項目（指評量較好或很好）共＿＿＿項

針對特殊幼兒所做的調整：能畫畫

延伸活動：「染畫」（請見下一個活動）。

學習經驗： 主動學習、說、經驗及表達想法。

材料： 透明杯（或是布丁盒）、報紙、宣紙、書面紙、影印紙、圖畫紙、廣告顏料、水（均準備數份）。

教學內容	學習目標	評量結果			
		不會 1	尚可 2	較好 3	很好 4
1. 老師對幼兒說今天所要做的主題是「染畫」，並介紹「染畫」的過程及方法。 2. 介紹所使用到的紙類及特性（或讓幼兒自行發表）。 3. 介紹如何染色：將紙摺好再放入顏料。 4. 請幼兒自行操作五種紙材的染色工作（染好，打開紙，紙不破掉）。 5. 請幼兒發表自己染色的結果（作品發表、哪一種紙最快或最慢……原因何在）。 6. 收拾。	1. 能說出今日的主題——染畫。 2. 能說出至少三種紙材名稱。 3. 能將紙摺好再放入顏料中。 4. 能操作五種紙材的染色工作（染好，打開紙，紙不破掉）。 5. 能發表自己的作品（或介紹）。 6. 能說出染色速度的先後順序」。（宣紙第一、報紙第二、影印紙第三、書面紙第四、圖畫紙第五） 7. 能將作品晾好。 8. 能參與收拾工作。				

評量結果： 4 代表達成該項目標 75%以上，3 代表達成該項目標 50%～75%，2 代表達成該項目標 25%～50%，1 代表未達成該項目標 25%。

學習目標： 共 8 項，通過項目（指評量較好或很好）共＿＿＿項。

針對特殊幼兒所做的調整： 能說出紙的名稱。

延伸活動： 介紹染色的物品及衣服。

打彈珠

學習經驗：主動學習、聽及理解、說、經驗及表達想法。

材料：彈珠（大、小）、塑膠瓶。

教學內容	學習目標	評量結果			
		不會 1	尚可 2	較好 3	很好 4
1. 將彈珠裝入塑膠瓶內，先讓幼兒聽聽聲音，猜猜瓶內是什麼東西。 2. 接著取出彈珠，讓幼兒比較彈珠的大小。 3. 請幼兒握住彈珠，大拇指壓在彈珠下方，然後大拇指用力向外彈，將彈珠彈出。 4. 練習熟練後，可以找另一個彈珠作為標的物，用手中的彈珠彈打另一顆彈珠，看是否可以打中。	1. 能比較大、小彈珠在瓶中所製造的聲音不同。 2. 能比較彈珠的大、小。 3. 能握住彈珠。 4. 能將大拇指壓在彈珠下方（做打彈珠的姿勢）： (1)能將彈珠彈出手中。 (2)能用手中的彈珠彈打另一顆彈珠。				

評量結果：4 代表達成該項目標 75%以上，3 代表達成該項目標 50%～75%，2 代表達成該項目標 25%～50%，1 代表未達成該項目標 25%。

學習目標：共 4 項，通過項目（指評量較好或很好）共＿＿＿項。

針對特殊幼兒所做的調整：能說出彈珠名稱。

延伸活動：「橡皮筋彈一彈」（請見下一個活動）。

橡皮筋彈一彈

學習經驗：主動學習、聽及理解、說、經驗及表達想法。

材料：橡皮筋、厚紙板、彩色筆、迴紋針、布丁盒。

教學內容	學習目標	評量結果			
		不會 1	尚可 2	較好 3	很好 4
1. 讓幼兒發表橡皮筋如何發出聲音。 2. 再依序加上材料，讓幼兒把愈來愈多的東西加在一起來發出聲音。	1. 能說出1條橡皮筋如何發出聲音。 2. 能說出橡皮筋加上厚紙板發出的聲音。 3. 能用橡皮筋綁住彩色筆彈出聲音。 4. 能操作並說出橡皮筋加上迴紋針如何發出聲音。 5. 能操作並說出橡皮筋加上布丁盒如何發出聲音。 6. 能將全部材料組合在橡皮筋上並彈一彈。 7. 能比較橡皮筋因大小長短會發出不同的聲音。 8. 能說出橡皮筋彈在不同的物體上會發出不同的聲音。 9. 能說出橡皮筋較緊的地方彈出的聲響較小（弱）。				

評量結果：4代表達成該項目標75%以上，3代表達成該項目標50%～75%，
　　　　　　2代表達成該項目標25%～50%，1代表未達成該項目標25%。

學習目標：共9項，通過項目（指評量較好或很好）共____項。

針對特殊幼兒所做的調整：認識橡皮筋。

延伸活動：用橡皮筋串成一長線。

學習經驗：聽及理解、說、閱讀。

材料：繪本《好餓的毛毛蟲》（上誼）、有關毛毛蟲、蝴蝶、昆蟲的圖片書籍。

教學內容	學習目標	評量結果			
		不會 1	尚可 2	較好 3	很好 4
1. 先讓幼兒認識毛毛蟲並能正確說出其名稱。 2. 進而透過故事書講述毛毛蟲蛹化成蝴蝶的過程。	1. 能聆聽老師說故事。 2. 能說出毛毛蟲的名稱。 3. 能說出毛毛蟲的外形。 4. 能說出毛毛蟲蛹化成蝴蝶的過程：毛毛蟲→蛹→蝴蝶。 5. 能在有關昆蟲的書籍中，指認出毛毛蟲、蝴蝶。 6. 能找出毛毛蟲、蝴蝶。 7. 能找出毛毛蟲、蝴蝶、蛹。 8. 能說出其他特性。				

評量結果：4 代表達成該項目標 75%以上，3 代表達成該項目標 50%～75%，2 代表達成該項目標 25%～50%，1 代表未達成該項目標 25%。

學習目標：共 8 項，通過項目（指評量較好或很好）共＿＿項。

針對特殊幼兒所做的調整：能說出毛毛蟲。

延伸活動：安排戶外教學到戶外找毛毛蟲及蝴蝶。

星星、月亮、太陽

學習經驗：主動學習、科學。

材料：以厚紙板切割成星星、月亮和太陽的形狀（每人一份）、手電筒、投影機。

教學內容	學習目標	評量結果			
		不會 1	尚可 2	較好 3	很好 4
1. 老師事先準備好厚紙板，上面切割好星星、月亮、太陽的形狀，讓幼兒可以自行將星星、月亮、太陽的圖形取出或按照形狀放入。 2. 在暗室中使用手電筒照射紙板鏤空部分，讓幼兒觀察在地板、牆壁、天花板上投射出來的形狀。 3. 使用投影機投射嵌板。	1. 能指出星星、月亮、太陽的位置。 2. 能聽指令將星星、月亮、太陽的形狀板取出。 3. 能用手電筒照射鏤空部分。 4. 會說出哪邊會形成影像。 5. 會用投影機投射出影像。				

評量結果：4 代表達成該項目標 75%以上，3 代表達成該項目標 50%～75%，2 代表達成該項目標 25%～50%，1 代表未達成該項目標 25%。

學習目標：共 5 項，通過項目（指評量較好或很好）共＿＿＿項。

針對特殊幼兒所做的調整：能說出星星、月亮與太陽的名稱。

延伸活動：介紹每月月亮的變化。

萬花筒世界

學習經驗：數、空間、主動學習、經驗及表達想法、社會學習。

材料：萬花筒、鏡子、透明片或玻璃片（先畫線，較好摺）、雙面膠、膠帶、膠台、彩色紙碎片、剪刀、玻璃紙、複寫紙、膠水或漿糊。

教學內容	學習目標	評量結果			
		不會 1	尚可 2	較好 3	很好 4
1. 請幼兒觀看萬花筒，讓幼兒發表看到之物。 2. 告訴幼兒萬花筒是利用光的反射原理做成的，萬花筒是由三面鏡子組成的三角形筒。 3. 請幼兒拿出自己帶的鏡子觀看自己，再向其他幼兒借鏡子，從兩面鏡子、三面鏡子看看自己的變化。 4. 老師示範製作（萬花筒）的方法。 5. 老師先將玻璃片做成三角筒，邊緣用膠水或雙面膠黏貼住。 6. 請幼兒將玻璃紙貼在萬花筒的前端。 7. 再將彩色玻璃碎紙放在玻璃紙上，再覆蓋上複寫紙。 8. 自製完成，請幼兒們彼此交換分享。	1. 能說出看到會動的花片。 2. 能帶自己的鏡子來學校。（前 2 天即提醒） 3. 能向他人借鏡子。 4. 願意將鏡子借給別人。 5. 能說出多面鏡子的變化。（變成很多影像） 6. 能觀察老師的示範。 7. 能將玻璃紙貼在萬花筒的前端。 8. 能將彩色玻璃碎紙放在玻璃紙上，再覆蓋上複寫紙。 9. 能展示萬花筒。				

評量結果：4 代表達成該項目標 75%以上，3 代表達成該項目標 50%～75%，2 代表達成該項目標 25%～50%，1 代表未達成該項目標 25%。

學習目標：共 9 項，通過項目（指評量較好或很好）共＿＿＿項。

針對特殊幼兒所做的調整：能說出萬花筒。

延伸活動：在角落展示做好的萬花筒讓幼兒探索。

學習經驗：主動學習、經驗及表達想法。

材料：水、5 個水杯。

教學內容	學習目標	評量結果			
		不會 1	尚可 2	較好 3	很好 4
1. 請幼兒去戶外聽風吹樹葉的聲音後，問幼兒何以有聲音。（風吹樹葉磨擦） 2. 拿出玻璃杯，告訴幼兒玻璃杯內裝水時可以敲出聲音，不同高低的水位，敲出的聲音也不一樣，請幼兒觀察水位高低再予以敲響。 3. 請幼兒說出水位高低與聲音高低的關係，並實際操作試驗。	1. 能說出樹葉為何有聲音。 2. 能說出玻璃杯內裝水可以敲出聲音。 3. 能說出 5 個水杯裝水的高度不一樣，敲出的音不一樣。 4. 能聽出高低音。 5. 能說出水裝愈多時敲出的聲音愈低。 6. 能說出水裝愈少時敲出的聲音愈高。				

評量結果：4 代表達成該項目標 75%以上，3 代表達成該項目標 50%～75%，2 代表達成該項目標 25%～50%，1 代表未達成該項目標 25%。

學習目標：共 6 項，通過項目（指評量較好或很好）共＿＿＿項。

針對特殊幼兒所做的調整：能敲出聲音。

延伸活動：「振音」（請見下一個活動）。

學習經驗：主動學習、說、經驗及表達想法、科學。

材料：鈴鐺、鬆緊帶、臉盆。

教學內容	學習目標	評量結果			
		不會 1	尚可 2	較好 3	很好 4
1. 教導聲音和空氣的關係。聲音是因空氣流動而產生，讓幼兒製造聲，並說出要如何才能產生聲音。 2. 進行拍手及手指拍手實驗，說出怎樣才能製造聲音。 3. 以臉盆裝水，用手在裡面擺動。 4. 問幼兒水波怎樣才會愈大？ 5. 比較臉盆水只裝一半時，水聲比裝滿時大還是小。 6. 讓幼兒試試看如何讓水聲更大。 7. 製作鈴鐺手鍊： 　(1)先搖一搖。 　(2)將鈴鐺口按住，說出有何不同。 　(3)說出為何沒聲音。 　(4)能數一數有幾個鈴鐺。 　(5)能將鈴鐺用鬆緊帶串起來。	1. 能製造聲音。 2. 能說出兩物品互相敲擊時才會有聲音。 3. 能拍手。 4. 能說出接觸面愈大，聲音愈大。 5. 能說出聲音愈大，水波愈大。 6. 能說出臉盆裝的水愈滿時，發出的水聲愈大。 7. 會用力讓水聲更大一些。 8. 拿到鈴鐺會主動搖一搖。 9. 能學老師將鈴鐺洞口按住，並說出聲音有什麼不同。 10. 能說出沒空氣後就沒聲音了。 11. 能說出自己有幾個鈴鐺。 12. 能用鬆緊帶穿過鈴鐺的洞。				

評量結果：4 代表達成該項目標 75%以上，3 代表達成該項目標 50%～75%，2 代表達成該項目標 25%～50%，1 代表未達成該項目標 25%。

學習目標：共 12 項，通過項目（指評量較好或很好）共＿＿項。

針對特殊幼兒所做的調整：能搖鈴鐺。

延伸活動：「敲一敲」（請見下一個活動）。

學習經驗：主動學習、聽及理解、說、科學。

材料：木琴、橡皮筋、紙杯。

教學內容	學習目標	評量結果			
		不會 1	尚可 2	較好 3	很好 4
1. 引導幼兒聲音須經振動而來，不同大小的振動會產生不同的聲音。 2. 讓幼兒分別敲不同位置及不同長短木琴的鍵。 3. 請幼兒觀察聲音高低再予以敲響。 4. 讓幼兒說出哪邊聲音高（短鍵）、哪邊聲音低（長鍵），並實際操作試驗看看。 5. 將紙杯杯口及杯底套上橡皮筋，彈彈看哪邊是高音（大聲）、哪邊是低音（小聲）。	1. 能說出琴鍵動與不動的差異。 2. 能分辨長鍵音低、短鍵音高。 3. 會依指示敲大、小聲。 4. 能依指令敲出高、低音。 5. 能找出紙杯兩端橡皮筋，哪一個是高音（杯口），哪一個是低音（杯底）。				

評量結果：4 代表達成該項目標 75%以上，3 代表達成該項目標 50%～75%，
　　　　　　2 代表達成該項目標 25%～50%，1 代表未達成該項目標 25%。

學習目標：共 5 項，通過項目（指評量較好或很好）共＿＿＿項。

針對特殊幼兒所做的調整：能分辨高低的聲音。

延伸活動：在角落敲擊樂器。

學習經驗：主動學習、科學。

材料：壁報紙、雙面膠、布丁盒、各色紙片、玻璃紙。

教學內容	學習目標	評量結果			
		不會 1	尚可 2	較好 3	很好 4
1. 讓幼兒分別於布丁盒裡外說話，並分辨聲音大小，再請幼兒在說話時觸摸盒子有無振動，和幼兒討論如何使自己的說話聲音變大？例如：用傳聲筒講話，問：「聽聽看聲音變大了嗎？」 2. 製作傳聲筒。	1. 能聆聽布丁盒裡外講話之聲音，並說出哪一種方式的聲音較大。 2. 能說出講話時，盒子有無變化（有振動），為什麼（空氣）。 3. 能說出使自己說話聲音變大的方法。 4. 能說出傳聲筒有擴音效果。 5. 能將各色紙片使用雙面膠黏貼。				

評量結果：4 代表達成該項目標 75% 以上，3 代表達成該項目標 50%～75%，
2 代表達成該項目標 25%～50%，1 代表未達成該項目標 25%。

學習目標：共 5 項，通過項目（指評量較好或很好）共＿＿＿項。

針對特殊幼兒所做的調整：能分辨大小聲。

延伸活動：「傳聲筒（二）」（請見下一個活動）。

傳聲筒（二）

學習經驗：主動學習、科學。

材料：蛋殼、平底鍋、木棒、紙板、膠帶、釣魚線、大頭針、描圖紙。

教學內容	學習目標	評量結果			
		不會 1	尚可 2	較好 3	很好 4
1. 先以聲音傳導實驗，引起動機。將蛋殼放在塑膠碗公或平底鍋、用木棒敲鋁子，讓幼兒觀察蛋殼跳動的情形並說出原因。 2. 老師說明傳聲筒可聽到聲音，也是因為聲音振動傳遞的緣故。 3. 再用紙板，製作傳聲筒來印證。	1. 能操作實驗的器具。（老師示範後） 2. 在做實驗時，能觀察到蛋殼跳動。 3. 能說出蛋殼的跳動（傳聲實驗結果）是因為聲音振動的緣故。 4. 能使用膠帶將紙板黏成筒狀。 5. 能將描圖紙用橡皮筋封住傳聲筒口。 6. 能用大頭針將描圖紙戳洞。 7. 能將線穿過洞固定。				

評量結果：4 代表達成該項目標 75%以上，3 代表達成該項目標 50%～75%，2 代表達成該項目標 25%～50%，1 代表未達成該項目標 25%。

學習目標：共 7 項，通過項目（指評量較好或很好）共____項。

針對特殊幼兒所做的調整：能感覺聲音。

延伸活動：玩傳聲筒遊戲。

學習經驗：主動學習、聽及理解、社會學習。

材料：空蛋殼、蠟油、毛線、彩色筆。

教學內容	學習目標	評量結果			
		不會 1	尚可 2	較好 3	很好 4
1. 說不倒翁故事。 2. 示範將蛋豎立著，讓幼兒將蛋殼豎立。 3. 示範將蠟油注入蛋殼並搖晃均勻，再讓幼兒跟著做。 　(1)讓幼兒將蛋殼畫上五官。 　(2)選擇毛線將之貼於蛋殼頂。 4. 教幼兒做造型。 5. 和幼兒討論不倒翁不倒的原理。	1. 能聆聽老師說故事。 2. 能一手將蛋殼豎立使之不傾倒。 3. 能用另一手把蠟油注入蛋殼中並搖晃均勻。 4. 能替蛋殼畫上五官。 5. 能選擇一種顏色的毛線並說出顏色名稱。 6. 能將毛線貼於蛋殼頂（頭髮）。 7. 能說出不倒翁的名稱。 8. 能說出不倒翁的原理。				

評量結果：4 代表達成該項目標 75%以上，3 代表達成該項目標 50%～75%，
　　　　　　2 代表達成該項目標 25%～50%，1 代表未達成該項目標 25%。

學習目標：共 8 項，通過項目（指評量較好或很好）共＿＿項。

針對特殊幼兒所做的調整：能說出蛋殼名稱。

延伸活動：玩不倒翁遊戲。

學習經驗：主動學習、科學。

材料：投影機、鉛筆、書本、紙張、彩色筆、學習單。

教學內容	學習目標	評量結果			
		不會 1	尚可 2	較好 3	很好 4
1. 將教室的燈關掉使室內變暗，再利用投影機的光用手做出各種影子投射在牆上，並請幼兒說出牆上影子之名稱。 2. 解說影子形成之原因讓幼兒知道，讓幼兒輪流打手影並說出形狀名稱。 3. 利用教室之燈光，用手做出各種影子投射於桌面上，讓幼兒用彩色筆幫別的幼兒畫出手做的影子於紙上。 4. 在圖形與影子配對的學習單中找出合適之影子圖形，與影子做配對。	1. 能說出老師在牆上用手做的影子名稱。（至少四種） 2. 能安靜傾聽老師解說影子形成之原因。 3. 能輪流用手做影子讓人猜。 4. 能利用教室之燈光將手做的影子打在桌面上。 5. 能幫別的幼兒將其手做的影子畫在紙上。 6. 能在學習單上做動物圖形與其影子的配對。				

評量結果：4 代表達成該項目標 75% 以上，3 代表達成該項目標 50%～75%，
　　　　　　2 代表達成該項目標 25%～50%，1 代表未達成該項目標 25%。

學習目標：共 6 項，通過項目（指評量較好或很好）共＿＿＿項。

針對特殊幼兒所做的調整：能做出手影。

延伸活動：「遊戲光影」（請見下一個活動）。

學習經驗：時間、空間、主動學習、說、寫、科學。

材料：晴天、陰天及雨天的天氣圖卡、水果模型、動物模型、幻燈機、「影子配對卡」（康霖文化）。

教學內容	學習目標	評量結果			
		不會 1	尚可 2	較好 3	很好 4
讓幼兒觀察天氣後配對天氣圖卡，再帶入影子，問幼兒什麼天氣可清楚看到影子。讓幼兒觀察牆上的影子，再讓幼兒玩投影遊戲。最後做「影子配對卡」遊戲，找出同樣卡片的影子，藉以訓練視覺記憶能力與視覺區辨能力。	1. 能說出今天是什麼天氣。 2. 能依照今天的天氣，拿取或指認天氣圖卡上的天氣。 3. 能說出哪種天氣，影子最清楚。 4. 能說出牆上的影子是哪種水果。 5. 能說出牆上的影子是哪種動物。 6. 能自己操作水果或動物做投影遊戲。 7. 能找出卡片的影子。				

評量結果：4 代表達成該項目標 75%以上，3 代表達成該項目標 50%～75%，2 代表達成該項目標 25%～50%，1 代表未達成該項目標 25%。

學習目標：共 7 項，通過項目（指評量較好或很好）共____項。

針對特殊幼兒所做的調整：能分辨影子。

延伸活動：玩影子遊戲。

學習經驗：主動學習、科學。

材料：試管、碗、冷水、熱水、冰塊、鹽巴、湯匙。

教學內容	學習目標	評量結果			
		不會 1	尚可 2	較好 3	很好 4
1. 請幼兒觀察桌上三碗不同的水（熱水、冷水、冰水）及一碗的冰塊，比較有何不同。 2. 請幼兒用手觸摸材料說出冰塊與其他不同溫度的水有何不同（一塊的，冰冰的）。 3. 介紹冷水結凍形成冰，請幼兒親自操作，將試管裝一半的水，放在鋪滿冰塊的碗裡，並用湯匙加入大量鹽巴於冰塊上（鋪滿冰塊），觀察試管內的水結冰過程，讓幼兒了解透過鹽的結晶特性降低冰點使水結冰。	1. 能分辨不同溫度的水。 2. 能分辨冰塊與水的不同。 3. 能觀察比較後說出冰是由水而來的。 4. 能主動參與實驗操作。 5. 能將試管加入一半的水。 6. 能將加好水的試管放入鋪滿冰塊的碗。 7. 能在冰塊上鋪大量的鹽巴。 8. 能說出鋪上鹽巴的冰塊可讓試管內結冰。				

評量結果：4 代表達成該項目標 75%以上，3 代表達成該項目標 50%～75%，2 代表達成該項目標 25%～50%，1 代表未達成該項目標 25%。

學習目標：共 8 項，通過項目（指評量較好或很好）共＿＿項。

針對特殊幼兒所做的調整：能分辨水溫。

延伸活動：將水放在冰箱做成冰塊。

三、數學領域活動

　　此部分的活動是為了檢核及增進幼兒數學能力所設計的課程，對於在數字、數量和形狀的了解和運算上具有特別天賦的幼兒來說，這些都是相當具有挑戰性和趣味性的活動。

　　此部分的每項活動都劃分為四個技巧，每個技巧對數學能力的發展都非常的重要，這樣的劃分有利於教師在活動進行時檢核幼兒的表現。有些幼兒在這些技巧的某些方面，會有很出色的表現，但是從另一方面來說，也有些幼兒會在某些技巧上感到吃力或是缺乏興趣，而需要額外的幫助或鼓勵。

　　在數學領域開頭的三項活動進行後，教師會很清楚幼兒較強或較弱的技巧是在哪一方面，根據這些結果，可以修改其餘的活動以及日常的生活教學，以提供該幼兒最適合的數學能力訓練。

　　數學能力四個技巧的劃分方式如下：

1. 認識數字：能有意義的運用數字，了解口述或文字符號所描述的數量和形狀，具有基本的算術能力。
2. 了解關聯性：能辨認並複製不同模式，能藉著比較、分類和排列順序而了解幼兒是否有數字概念、是否具備抽象和具體運算的能力。
3. 抽象概念：能分辨和了解問題中所隱含的概念。
4. 運用數學：能運用已知的方法去解決新的問題，遇到新的狀況時，知道該運用何種概念去解決。

　　藉著培養幼兒這四種技巧，就能幫助幼兒加強其數學方面的能力。具有數學能力的幼兒，能經由邏輯和逐步漸進的方式學習去解決問題，而成為一個有效率的問題解決者。以下的活動能讓幼兒了解，如何將數學技巧運用在每天的生活中，以及明白數學技巧是可以很實際地多方運用。

一星期有七天

學習經驗：數、時間、主動學習、聽及理解、說、經驗及表達想法。

材料：猴子圖片、「星期一至星期日」的字卡（共 7 張）、月曆、數字卡（1
至 31）、神祕袋、月曆黏貼板（或用現成月曆將數字蓋住）。

教學內容	學習目標	評量結果			
		不會 1	尚可 2	較好 3	很好 4
1. 老師出示猴子圖片，讓幼兒說出圖片中的動物名稱，並帶幼兒唸兒歌：「星期一猴子穿新衣，星期二猴子肚子餓，星期三猴子去爬山，星期四猴子去考試，星期五猴子去跳舞，星期六猴子去斗六，星期日猴子要休息。」唸的同時並出示星期一至星期日的字卡。 2. 讓幼兒指認哪一張卡是星期幾，然後發給每個幼兒一張星期卡，一邊唸兒歌，一邊請拿到該星期幾之卡的幼兒出示星期卡，並告知一星期有七天，七天一個週期。老師拿出日曆，問幼兒今天是幾月幾日、星期幾，並請幼兒指出標示在月曆的哪個地方。 3. 展示這個月份月曆，並告訴幼兒如何查幾月幾日星期幾，再請幼兒由神祕袋抽出數字，說出數字並找出對應的數字黏貼片，對照月曆放在正確的位置上。 4. 接著由老師問：「幾月幾日星期幾」及「幾月的第幾個星期幾是幾日」。	1. 能說出猴子。 2. 會跟著唸兒歌。 3. 能指認「星期一」至「星期日」的字卡。 4. 能說出一星期有七天。 5. 能看月曆說出今天的日期（幾月幾日）。 6. 能看月曆說出今天是星期幾。 7. 能在月曆上找到今天的位置。 8. 能認讀數字 1 至 31。 9. 能將數字貼在與月曆對應的數字位置，並貼於月曆黏貼板上 10. 能看著月曆回答幾月幾日是星期幾。				

評量結果：4 代表達成該項目標 75%以上，3 代表達成該項目標 50%～75%，

2 代表達成該項目標 25%～50%，1 代表未達成該項目標 25%。

學習目標：共 10 項，通過項目（指評量較好或很好）共____項。

針對特殊幼兒所做的調整：會跟著唸兒歌。

延伸活動：1.「今天、明天、昨天」（請見下一個活動）。

2. 可在月曆上標示要做的事。

月曆黏貼板

____2016____ 年 __8__ 月

星期日	星期一	星期二	星期三	星期四	星期五	星期六
	1	2	3	4	5	6
7	8	9	10	11	12	13
14	15	16	17	18	19	20
21	22	23	24	25	26	27
28	29	30	31			

今天、明天、昨天

學習經驗：數、分類、時間、主動學習、聽及理解、說、社會學習。

材料：日曆、「今天、明天、昨天」卡片、數字卡（1 至 31）、「今天、明天、昨天」磁鐵板、磁鐵片、月曆、月曆磁鐵板、月曆磁鐵片。

教學內容	學習目標	評量結果			
		不會 1	尚可 2	較好 3	很好 4
1. 老師問今天是幾月幾日星期幾，並展示出日曆，讓幼兒翻閱，了解今天、明天、昨天的先後關係。 2. 由老師出示「今天」、「明天」、「昨天」的卡片給幼兒辨識，再發給每個幼兒「今天」、「明天」、「昨天」的卡片，由老師提出問題，讓幼兒拿出正確字卡。 3. 用「今天、明天、昨天」磁鐵板，分別請幼兒由 1 至 31 日數字卡中抽一張，再抽一張今天、明天、昨天卡，表示該日為今（明、昨）天，然後找出該日磁鐵片貼在正確的磁鐵板位置，再請幼兒找出另外一天（昨天、明天）的日期，貼在正確的位置。 4. 請幼兒用磁鐵片完成這個月份的月曆，再問幼兒如果今天是 3 月 4 日，明天是幾月幾日星期幾。	1. 能回答今天是幾月幾日星期幾。 2. 能翻閱日曆。 3. 能說出今天、明天、昨天的順序。 4. 能指認今天、明天、昨天的字卡。 5. 能參與活動。 6. 能找出正確日期的磁鐵片並貼在正確的磁鐵板位置（今天、明天、昨天）。 7. 能找出另外一天（昨天、明天）的日期，貼在正確的位置（今天、明天、昨天）。 8. 能一起完成這個月份的月曆。 9. 能協助其他幼兒參與活動。 10. 能正確回答如果今天是 3 月 4 日，明天是幾月幾日星期幾。 11. 能正確回答昨天是幾月幾日星期幾。				

評量結果：4 代表達成該項目標 75%以上，3 代表達成該項目標 50%～75%，
2 代表達成該項目標 25%～50%，1 代表未達成該項目標 25%。

學習目標：共 11 項，通過項目（指評量較好或很好）共＿＿項。

針對特殊幼兒所做的調整：列出昨天、今天、明天的實際作息，讓幼兒藉由
親身經驗之對應，指認出「昨天」、「今天」、「明天」的卡片。

延伸活動：「放假日是星期幾」（請見下一個活動）。

放假日是星期幾

學習經驗：數、時間、聽及理解、社會學習。

材料：1 至 12 月的月曆、各類問題卡（例如：各個節日日期放不放假、一星期幾天等問題）、大月曆（有十二個月）、月份卡片（1 至 12）、日期卡片（1 至 31）、星期卡片。

教學內容	學習目標	評量結果			
		不會 1	尚可 2	較好 3	很好 4
1. 由老師提示大月曆上有些日期標示為紅色，為什麼？因為是放假日。接著問幼兒除了星期日，哪些節日有放假，兒童節、清明節為幾月幾日星期幾，若幼兒不知道該節日為幾月幾日時，就告訴幼兒。 2. 再拿出月曆，告知幼兒一年有 12 個月，並說明要查星期應先看月份，再看日期，再找星期，讓幼兒找出月曆上的月份、日期及星期。 3. 用比賽的方式抽取問題卡，讓幼兒比賽回答問題。可分成 2 組，1 組約 3 至 4 人，找出每個月的星期日及節日之日期及星期卡片，並算出一個月有幾個星期日。	1. 能安靜聽講。 2. 能說出紅色日期表示放假。 3. 能說出哪些節日有放假。 4. 能指出今年的兒童節是 4 月 4 日。 5. 能找出月曆上的月份、日期及星期的位置。 6. 能抽節日問題卡。 7. 能找出所抽出的節日之正確日期。 8. 能協助同學參與活動。 9. 能由日期找到星期。 10. 能指出一個月有幾個星期日。 11. 能指出第幾個星期日是幾月幾日。				

評量結果：4 代表達成該項目標 75%以上，3 代表達成該項目標 50%～75%，2 代表達成該項目標 25%～50%，1 代表未達成該項目標 25%。

學習目標：共 11 項，通過項目（指評量較好或很好）共＿＿＿項。

針對特殊幼兒所做的調整：圈出月曆上的紅色日期。

延伸活動：利用每天的日曆活動討論假日做了什麼事，尤其是放假日之後。

學習經驗：數、主動學習、聽及理解、說、科學。

材料：Asco 天平、底座、支架、砝碼 24 個。

教學內容	學習目標	評量結果			
		不會 1	尚可 2	較好 3	很好 4
1. 先讓幼兒看一看天平，介紹其構造。 2. 從一個砝碼開始，教導幼兒簡單的平衡原理，再增加砝碼數目。等到幼兒有概念時，在天平兩邊放置不同數量砝碼，但兩邊重量一樣時，讓幼兒推想為何天平還是平衡的原因所在。 3. 接著讓幼兒自由操作，親身體驗。	1. 能注意聆聽老師講解天平的簡單構造。 2. 能複述天平的名稱及砝碼名稱。 3. 能發現兩邊的砝碼數量一樣時，天平會平衡。 4. 能推理出重量一定時，天平會平衡。 5. 能自由操作並找出平衡狀態。				

評量結果：4 代表達成該項目標 75%以上，3 代表達成該項目標 50%～75%，
　　　　　　2 代表達成該項目標 25%～50%，1 代表未達成該項目標 25%。

學習目標：共 5 項，通過項目（指評量較好或很好）共＿＿＿項。

針對特殊幼兒所做的調整：能數出砝碼的數量。

延伸活動：「重量天平」（請見下一個活動）。

學習經驗：數、分類、主動學習、聽及理解、說、經驗及表達想法、科學。

材料：圓珠、Asco 秤盤。

教學內容	學習目標	評量結果			
		不會 1	尚可 2	較好 3	很好 4
1. 老師介紹 Asco 秤盤，示範如何使用天平，先在天平兩邊的秤盤放不同數目的圓珠，當兩邊重量不同就會不平衡，較重的那邊會下沉。 2. 讓幼兒練習使用天平，在兩邊各放入一些圓珠。 3. 讓幼兒兩人一組互相出題考對方。	△藉由操作了解物體之間的關係（主動學習 3）： 1. 能說出比較重的一邊會往下沉。 2. 能說出兩邊各有幾顆圓珠。 3. 能說出較多圓珠會使秤盤往下沉。 4. 能回答天平兩邊的數量加起來共多少？哪邊大？哪邊小？ 5. 能回答數量加起來較大的那邊會使天平下沉。 △使用教室的器材設備，以增進其學習（主動學習 7）： 6. 能兩人互相出題考對方，數出哪一邊較重，並做兩盤圓珠相加（進位）。				

評量結果：4 代表達成該項目標 75%以上，3 代表達成該項目標 50%～75%，
　　　　　　2 代表達成該項目標 25%～50%，1 代表未達成該項目標 25%。

學習目標：共 6 項，通過項目（指評量較好或很好）共＿＿＿項。

針對特殊幼兒所做的調整：

　　　　1. 能參與使用秤盤。

　　　　2. 能一個一個數圓珠。

延伸活動：用真正的物品（例如：銅板）來秤。

重量

學習經驗：數、分類、主動學習、聽及理解、說、經驗及表達想法、科學。

材料：竹筷、鐵絲、磅秤、大珠子（一個）、秤重用的東西（例如：皮包、大膠帶、棉條）、體重機。

教學內容	學習目標	評量結果			
		不會 1	尚可 2	較好 3	很好 4
1. 讓幼兒站立於體重機上，看看有幾公斤？再比較誰體重較重？誰體重較輕？ 2. 問幼兒哪裡可以看到磅秤？它的作用是什麼？讓幼兒學習秤東西。 3. 說明磅秤與體重機有何不同？ 4. 老師示範將鐵絲於竹筷上繞圈再取下，使成「彈簧」，再讓幼兒拉拉看後，將一重物勾在彈簧上，讓幼兒想一想，為何彈簧會下墜？	1. 能依順序量體重，並記得自己的重量是幾公斤。 2. 能說出誰最重、誰最輕。 3. 能說出在哪裡可以看到磅秤。 4. 能說出磅秤是秤東西的。 5. 能使用磅秤秤東西。 6. 能說出體重機及磅秤上的數字。 7. 能說出體重機是量比較重的物品，而磅秤是量比較輕的物品。 8. 能說出彈簧是受力的作用才會往下墜（拉開）的。 9. 能知道彈簧上所掛的東西愈重，彈簧拉得愈長。				

評量結果：4 代表達成該項目標 75%以上，3 代表達成該項目標 50%～75%，2 代表達成該項目標 25%～50%，1 代表未達成該項目標 25%。

學習目標：共 9 項，通過項目（指評量較好或很好）共＿＿＿項。

針對特殊幼兒所做的調整：能說出及比較體重機及磅秤上的數字大小，判斷體重的輕與重。

延伸活動：量體重或將磅秤放在角落讓幼兒操作。

認識錢幣

學習經驗：數、主動學習、聽及理解、說、照顧自己的需要、社會學習。

材料：10 元、5 元、1 元錢幣。

教學內容	學習目標	評量結果 不會 1	尚可 2	較好 3	很好 4
1. 讓幼兒認識 1 元、5 元、10 元錢幣的不同，請幼兒仔細看錢幣上有 1、5、10 的數字，說出哪一個是 10 元、5 元及 1 元。 2. 教幼兒如何兌換，問幼兒 1 個 10 元能換幾個 5 元？1 個 10 元能換幾個 1 元？1 個 5 元能換幾個 1 元？1 個 10 元能換幾個 5 元和幾個 1 元？ 3. 實際操作換錢活動（可兩人分組或與老師換），給每個幼兒 20 元，讓他們各換 1 元 5 個、5 元 1 個、10 元 1 個，再買自動販賣機之飲料。 4. 到自動販賣機前，讓幼兒拿著 10 元，自己找一件 10 元的商品，選擇好按下鈕，拿取商品並說出買的是什麼飲料。	1. 能指出 1 元、5 元、10 元錢幣。 2. 能說出 1 個 10 元換 2 個 5 元；1 個 10 元換 10 個 1 元；1 個 5 元換 5 個 1 元；1 個 10 元換 1 個 5 元和 5 個 1 元。 3. 與老師進行換錢，能將 10 元換成 1 個 5 元及 5 個 1 元。 4. 會決定自己想要的飲料。 5. 會投正確的錢幣入自動販賣機。 6. 會從自動販賣機中取出物品。 7. 能說出買的是什麼飲料。				

評量結果：4 代表達成該項目標 75%以上，3 代表達成該項目標 50%～75%，2 代表達成該項目標 25%～50%，1 代表未達成該項目標 25%。

學習目標：共 7 項，通過項目（指評量較好或很好）共＿＿＿項。

針對特殊幼兒所做的調整：能指出 1 元、5 元、10 元錢幣。

延伸活動：「打電話」（請見下一個活動）。

學習經驗：數、聽及理解、說、經驗及表達想法、照顧自己的需要、社會學習。

材料：1 元、5 元、10 元、公共電話。

教學內容	學習目標	評量結果			
		不會 1	尚可 2	較好 3	很好 4
1. 複習錢幣概念，能說出 1 元、5 元、10 元。 2. 介紹應用：1 元可用來做什麼？（打電話）聯絡電話號碼及公共電話使用。 3. 再到投幣式公用電話，讓幼兒先觀察電話機上面的數字（0 至 9）才練習投幣，按電話號碼。	1. 能指認 1 元、5 元、10 元。 2. 能說出 1 個 10 元換幾個 1 元？1 個 5 元換幾個 1 元？1 個 10 元換幾個 5 元？1 個 10 元換幾個 5 元和幾個 1 元？ 3. 1 個 1 元可用來做什麼？（打電話） 4. 能說出打電話給誰和其電話號碼。 5. 能使用公共電話與家人聯絡。 6. 會投幣入電話機。 7. 會按電話機上的數字鍵。				

評量結果：4 代表達成該項目標 75%以上，3 代表達成該項目標 50%～75%，2 代表達成該項目標 25%～50%，1 代表未達成該項目標 25%。

學習目標：共 7 項，通過項目（指評量較好或很好）共＿＿＿項。

針對特殊幼兒所做的調整：能指認 1 元、5 元、10 元。

延伸活動：「買東西」（請見下一個活動）。

學習經驗：數、聽及理解、說、經驗及表達想法、照顧自己的需要、社會學習。

材料：1 元、5 元、10 元錢幣數個。

教學內容	學習目標	評量結果			
		不會 1	尚可 2	較好 3	很好 4
1. 複習錢幣概念，能說出 1 元、5 元、10 元。 2. 認識各類商店：問幼兒去過哪些店買東西，例如：到書店購買文具，到麵包店買麵包或超級市場買菜，到水果店買橘子，並介紹自己買東西的經驗。 3. 教導幼兒如何使用錢幣進行買賣，帶幼兒去便利商店找尋一件 10 元內的物品（超過 10 元者，可讓幼兒合資購買，再平分物品）。 4. 讓幼兒分享自己買東西的經驗。	1. 能指認 1 元、5 元、10 元。 2. 能說出到書店買書、文具或貼紙，到水果店買水果，到麵包店買麵包。 3. 能自己選擇想買的東西。 4. 知道要用錢幣買東西。 5. 會用等值錢幣買自己想要的東西。 6. 會自己付錢給老闆。 7. 能分享自己買東西的經驗。				

評量結果：4 代表達成該項目標 75%以上，3 代表達成該項目標 50%～75%，2 代表達成該項目標 25%～50%，1 代表未達成該項目標 25%。

學習目標：共 7 項，通過項目（指評量較好或很好）共＿＿＿項。

針對特殊幼兒所做的調整：能指認並說出數字 1、5、10。

延伸活動：進行「買賣玩具」（請見下一個活動）遊戲，扮演顧客及老闆。

學習經驗：數、主動學習、聽及理解、說、社會學習。

材料：自製錢幣、布偶、玩具車、娃娃屋、模型小人。

教學內容	學習目標	評量結果			
		不會 1	尚可 2	較好 3	很好 4
準備一些玩具及錢幣，並在玩具上面貼上標價，讓幼兒玩扮演遊戲。	1. 能指認並說出數字 1、5、10。 2. 能正確數出手中自製錢幣的數量，例如：10 元→2 枚；5 元→4 枚；1 元→5 枚。 3. 會扮演老闆或客人。 4. 會說出要買的玩具。 5. 能拿出與標價相同數目的錢幣。 6. 能收錢。 7. 能找錢。				

評量結果：4 代表達成該項目標 75%以上，3 代表達成該項目標 50%～75%，2 代表達成該項目標 25%～50%，1 代表未達成該項目標 25%。

學習目標：共 7 項，通過項目（指評量較好或很好）共＿＿項。

針對特殊幼兒所做的調整：能指認並說出數字 1、5、10。

延伸活動：帶至學校福利社或附近的早餐店，每人以 20 元購買東西，能說出自己欲購買的東西尚缺多少錢才能購買。

長度的組合

學習經驗：數、主動學習、聽及理解、寫、經驗及表達想法、社會學習。

材料：蒙特梭利加減尺、蒙特梭利數棒、蒙特梭利數塔、串珠、彩色筆、作業單。

教學內容	學習目標	評量結果			
		不會 1	尚可 2	較好 3	很好 4
呈現所列材料，並介紹各種教具的操作方法，請幼兒兩人一組或自己單獨選擇一樣教具來操作，從中觀察長度的組合方式，並學習量的概念。	1. 能仔細觀察老師示範教具。 2. 能選擇自己想要的教具並且與其他幼兒一起合作操作。 3. 能正確的操作教具（或有創新的玩法）。 4. 能依指示操作教具，例如：擺放好 5 的加減尺，可由 1 與 4 的加減尺組合呈現，也可用數塔或數棒呈現。 5. 能將教具依順序排好收起來。 6. 能依指示將二種顏色串珠做量的組合，並點算出總數，例如：黃色 2 個、綠色 3 個，共有 5 個珠子。 7. 能正確做完作業單上的數的組合算式。				

評量結果：4 代表達成該項目標 75%以上，3 代表達成該項目標 50%～75%，2 代表達成該項目標 25%～50%，1 代表未達成該項目標 25%。

學習目標：共 7 項，通過項目（指評量較好或很好）共____項。

針對特殊幼兒所做的調整：能在協助下正確的操作教具，或做一對一對應。

延伸活動：將蒙特梭利加減尺、蒙特梭利數棒、蒙特梭利數塔、串珠等放在角落讓幼兒操作。

作業單		
●●　● ●●　● ●●　●	黑色　　　個	共　　　個
●●　●	黑色　　　個	共　　　個
●●　● ●●　●	黑色　　　個	共　　　個
●●　●●	黑色　　　個	共　　　個
●　●	黑色　　　個	共　　　個

學習經驗：數、空間、聽及理解、經驗及表達想法。

材料：自製的座標圖表、布偶、錢幣、水果、動物模型。

教學內容	學習目標	評量結果			
		不會 1	尚可 2	較好 3	很好 4
1. 先在一張製作好的座標圖表上擺上各種物品，問幼兒某物在第幾排、第幾列，老師於一旁協助並說明。 2. 讓幼兒操作，由一位幼兒放，其他的幼兒一起數數看在第幾排、第幾列。 3. 發給每組幼兒一張自製的座標圖表，由一位幼兒說，他想要在第幾排、第幾列的位置上畫上圖形，其他的幼兒在他指定的位置畫上圖形。	1. 能參與活動。 2. 能注意聽老師說明物品在第幾排、第幾列。 3. 能說出其他幼兒將物品放在第幾排、第幾列。 4. 能說出物品名稱。 5. 能依照其他幼兒所說，在第幾排、第幾列的位置上，畫上圖形。				

評量結果：4 代表達成該項目標 75%以上，3 代表達成該項目標 50%～75%，
2 代表達成該項目標 25%～50%，1 代表未達成該項目標 25%。

學習目標：共 5 項，通過項目（指評量較好或很好）共＿＿項。

針對特殊幼兒所做的調整：能參與活動。

延伸活動：讓幼兒數自己的工作櫃在工作櫃的第幾排、第幾列。

座標圖表		

學習經驗：數、空間、主動學習、聽及理解、說、寫。

材料：9 個人物模型、彩色筆。

教學內容	學習目標	評量結果			
		不會 1	尚可 2	較好 3	很好 4
1. 利用 9 個穿有不同顏色衣服且身上編有號碼 1～9 的人物模型，讓幼兒知道誰是第 1 個？誰是最後 1 個？第幾個穿什麼顏色衣服？從左邊數第幾個是誰？從右邊數第幾個是誰？ 2. 然後，讓幼兒重新排列順序，由老師口述，請幼兒將人物模型找出來。	1. 能數數 1 至 9。 2. 能分辨左右。 3. 能依指令拿起第 1 位（或最後 1 位）人物模型。 4. 能依指令拿起第 n 位人物模型。 5. 能依指令拿起左邊數來第 3 位人物模型。 6. 能依指令拿起某色衣服左邊第 4 位人物模型。 7. 能重新排列順序。 8. 能找出老師要的人物模型（例如：左邊數來第 2 個），並說出穿什麼顏色的衣服。				

評量結果：4 代表達成該項目標 75%以上，3 代表達成該項目標 50%～75%，2 代表達成該項目標 25%～50%，1 代表未達成該項目標 25%。

學習目標：共 8 項，通過項目（指評量較好或很好）共＿＿項。

針對特殊幼兒所做的調整：能數數 1 至 9。

延伸活動：數教室的工作櫃共有幾格、有幾排、每排幾個，自己在第幾排第幾個。

學習經驗：數、主動學習、聽及理解、社會學習。

材料：跳棋或自製方格遊戲紙、不同顏色的跳棋數個、骰子。

教學內容	學習目標	評量結果			
		不會 1	尚可 2	較好 3	很好 4
1. 讓幼兒擲骰子並說出點數。 2. 讓幼兒選擇一種顏色的棋子代表自己。 3. 每個人選棋盤的一邊，把自己選的棋子放在靠邊的任何一格裡。 4. 以猜拳方式決定先後順序。 5. 老師講解遊戲規則，讓幼兒輪流擲骰子，擲出幾點就移動幾格，也可以比較丟出的點數多少。 6. 告訴幼兒一次只能朝一個方向前進，可以在每回起步時再決定方向，遇到障礙得停下來，即使沒走完骰子數也要停下來。 7. 直到所有的幼兒都走到對面才結束。	1. 能擲骰子並說出點數。 2. 能選擇一種顏色的棋子並把它放在靠邊的格子裡。 3. 能猜拳決定先後順序並能服從猜拳的結果。 4. 能仔細聆聽遊戲規則。 5. 依自己擲出的骰子數（1至6）而將棋子向前移動（1至6）步。 6. 能說出誰的骰子點數較多。 7. 能全程參與遊戲（擲骰子、依點數走格子、從起始點走到終點）。				

評量結果：4 代表達成該項目標 75% 以上，3 代表達成該項目標 50%～75%，
　　　　　　2 代表達成該項目標 25%～50%，1 代表未達成該項目標 25%。

學習目標：共 7 項，通過項目（指評量較好或很好）共＿＿＿項。

針對特殊幼兒所做的調整：能擲骰子。

延伸活動：玩五子棋。

預估和分組

學習經驗：數、分類、主動學習、聽及理解、說。

材料：4 個紙袋、20 個彈珠、21 個瓶蓋、18 個吸管粽子（自製）、數顆糖
果、7 個圓環。

教學內容	學習目標	評量結果			
		不會 1	尚可 2	較好 3	很好 4
1. 將材料（彈珠、瓶蓋、粽子、糖果）事先放入 4 個紙袋中。 2. 取出一袋搖一搖，讓幼兒矇起眼來摸摸看，猜猜裡面是什麼東西。猜對後，請幼兒預估一下裡面有多少個。每個人都猜一個數目後，將袋子裡的物品倒出來數一數，猜正確者得一分。 3. 接著，將彈珠與圓環放在桌上，請一位幼兒來分配，每個圓環都要有相同數量的彈珠，若分對了給一分。再取第二、第三、第四個袋子，最後以糖果為獎品，得最高分者能獲得最多糖果。	1. 能矇起（或閉上）眼睛摸紙袋中的物品，並猜測內容物是什麼。 2. 能預估紙袋中的物品數量有多少。 3. 能將內容物倒出來數一數，並說出正確數目。 4. 能夠將 20 個彈珠平均分配成 5 組。 5. 能夠說出每組有 4 個。 6. 能夠將 21 個瓶蓋平分成 3 組。 7. 能夠說出每組有 7 個瓶蓋。 8. 能夠將 18 個吸管粽子平均分成 6 組。 9. 能夠說出每組有 3 個。 10. 能夠將 14 顆糖果平均分配成 7 組。 11. 能夠說出每組有 2 個。 12. 能說出自己的得分數。				

評量結果：4 代表達成該項目標 75%以上，3 代表達成該項目標 50%～75%，
2 代表達成該項目標 25%～50%，1 代表未達成該項目標 25%。

學習目標：共 12 項，通過項目（指評量較好或很好）共____項。

針對特殊幼兒所做的調整：能說出物品名稱。

延伸活動：預估點心能分為幾組，每組有幾個。

學習經驗：數、主動學習、聽及理解、說。

材料：各種顏色的色紙、膠水。

教學內容	學習目標	評量結果			
		不會 1	尚可 2	較好 3	很好 4
1. 先介紹今天的活動——用色紙做紙圓圈。 2. 拿出各種顏色的色紙，讓幼兒說出色紙的顏色。 3. 老師將色紙剪成長條，再將長條剪成小段。 4. 讓幼兒將小段長條的兩端用膠水黏貼成一圓圈，提醒幼兒貼的方向（顏色在外面）。 5. 老師將一個一個色紙作的圓圈接起來。 6. 先讓幼兒模仿老師的紙圓圈顏色排列。 7. 讓幼兒聽老師的口語指示排出指定數量及顏色的色紙圓圈序列（例如：紅色1個，下接黃色3個，再接綠色2個）。	1. 能說出色紙顏色。 2. 會使用膠水黏貼紙圈。 3. 能將色紙有顏色那面朝外。 4. 能模仿老師的紙圓圈顏色排列。（5個以內） 5. 能依老師的口語指示貼出色紙圓圈的數量（例如：紅色3個、黃色2個）。 6. 能依口語指示排出指定數量及顏色的色紙圓圈序列。				

評量結果：4代表達成該項目標75%以上，3代表達成該項目標50%～75%，2代表達成該項目標25%～50%，1代表未達成該項目標25%。

學習目標：共6項，通過項目（指評量較好或很好）共＿＿＿項。

針對特殊幼兒所做的調整：

　　　　1. 能正確分辨顏色：紅、黃、藍、綠。

　　　　2. 不需依老師指示，可以隨意貼各種數量及顏色。

延伸活動：將做好的紙圓圈掛在教室角落，比比看誰的紙圓圈最長、最漂亮。

統計圖表（一）

學習經驗：數、空間、主動學習、社會學習。

材料：保特瓶（廢物利用）、球、彩色筆、紀錄紙。

教學內容	學習目標	評量結果			
		不會 1	尚可 2	較好 3	很好 4
1. 將紀錄紙張貼在牆上，下面放彩色筆，並說明遊戲規則。 2. 請幼兒數出 10 個寶特瓶。 3. 老師將保特瓶排成保齡球瓶形。 4. 請幼兒依紀錄表上的姓名順序擊球。 5. 請幼兒將擊倒之寶特瓶數目記錄在自己的格子裡。 6. 重複第 4 和第 5 步驟一次。 7. 請幼兒將自己 2 次的擊倒數加起來（0 至 10）。 8. 請幼兒比較第一次、第二次誰擊倒最多（少）。	1. 能等待。 2. 能聆聽遊戲規則。 3. 能數數 1 至 10。 4. 能按照紀錄表上的姓名順序擊球。 5. 能將擊倒之寶特瓶數目記錄在自己的格子裡。 6. 能將自己 2 次擊倒數加起來（0 至 10）。 7. 能比較第一次、第二次誰擊倒最多（少）。 8. 能遵守遊戲規則。				

評量結果：4 代表達成該項目標 75%以上，3 代表達成該項目標 50%～75%，2 代表達成該項目標 25%～50%，1 代表未達成該項目標 25%。

學習目標：共 8 項，通過項目（指評量較好或很好）共＿＿項。

針對特殊幼兒所做的調整：能用球打寶特瓶。

延伸活動：「統計圖表（二）」（請見下一個活動）。

紀錄紙

姓名				
1				
2				
3				
4				
5				
6				
7				
8				
9				
10				
合計				

統計圖表〈二〉

學習經驗：數、分類、時間、主動學習、聽及理解、說、經驗及表達想法、社會學習。

材料：保齡球組、彩色筆、紀錄紙。

教學內容	學習目標	評量結果			
		不會 1	尚可 2	較好 3	很好 4
1. 問幼兒是否玩過或看過保齡球，在哪兒玩的或在哪兒看的。 2. 讓幼兒嘗試如何擺放保齡球，其得分會最高。 3. 將紀錄紙張貼在牆上，下面放彩色筆。 4. 師生共同訂定規則： 規則：2 號幫 1 號的忙，依次類推，例如：2 號學生幫忙 1 號學生把保齡球擺好。 5. 打完時問幼兒推倒幾個保齡球，並將倒下的保齡球數量用畫圈圈的方式記錄於紀錄紙上（若已會寫數字，可在格子內寫上數字）。 6. 每人有 2 次機會，將 2 次所得的分數統計於「總共打倒幾個」欄內（並記錄其他幼兒的分數）。 7. 共同討論誰的分數高，並依次排列。 8. 收拾與整理。	1. 能說出是在：(1)保齡球館；(2)家中；(3)電視上看過保齡球。 2. 能指認數字，並說出數字。 3. 能擺放保齡球，並輪流等待。 4. 能熱烈參與討論，並訂定遊戲規則。 5. 能正確的說出推倒幾個保齡球。 6. 會將保齡球擺在原來的位置。 7. 會遵守遊戲規則。 8. 能在紀錄紙上圈出正確的數字。 9. 能將 2 次所得之分數統計於「總共打倒幾個」欄內。 10. 能比較並說出哪位幼兒的得分最高。（保齡球王） 11. 能依次排列（由高而低）。 12. 會幫忙收拾與整理。				

評量結果：4 代表達成該項目標75%以上，3 代表達成該項目標50%～75%，2 代表達成該項目標25%～50%，1 代表未達成該項目標25%。

學習目標：共 12 項，通過項目（指評量較好或很好）共＿＿＿項。

針對特殊幼兒所做的調整：能說出保齡球。

延伸活動：利用戶外時間玩保齡球活動。

我會打保齡球（n）

日期：

姓名	第一次 打倒瓶數	第二次 打倒瓶數	總共 打倒幾個	誰是 保齡球王

家長簽名：＿＿＿＿＿＿＿＿

我會打保齡球（s）

日期：

姓名	打倒幾個	圈出打倒瓶數	哪個多
	○○○○○ ○○○○○	1　2　3　4　5 6　7　8　9　10	
	○○○○○ ○○○○○	1　2　3　4　5 6　7　8　9　10	
	○○○○○ ○○○○○	1　2　3　4　5 6　7　8　9　10	
	○○○○○ ○○○○○	1　2　3　4　5 6　7　8　9　10	
	○○○○○ ○○○○○	1　2　3　4　5 6　7　8　9　10	

家長簽名：＿＿＿＿＿＿＿＿

學習經驗：數、聽及理解、說。

材料：60 顆球、12 個盤子、6 份數字卡 1～10、2 個洋娃娃。

教學內容	學習目標	評量結果			
		不會 1	尚可 2	較好 3	很好 4
先用數字卡與球的數量配對 1 至 10，再用 2 個洋娃娃示範玩球，老師發給每名幼兒 2 至 10 個球及 2 個盤子，讓幼兒將球平分給 2 個洋娃娃，放至 2 個盤子，讓幼兒由實際操作與口頭說明每人得幾個？或是多（不足）幾個。	1. 能做數字與數量配對，根據數量找出自己手中的數字卡（數量配）。 2. 能專心聽老師說明有 2 個洋娃娃要玩球，因此要將自己手中的球平均分給它們。 3. 能將手中球數平均分至洋娃娃的 2 個盤中。 4. 能說出 1 個洋娃娃得幾個球。 5. 能說出 2 個洋娃娃加起來是幾個球。 6. 能說出不能平均分時要如何處理。				

評量結果：4 代表達成該項目標 75%以上，3 代表達成該項目標 50%～75%，2 代表達成該項目標 25%～50%，1 代表未達成該項目標 25%。

學習目標：共 6 項，通過項目（指評量較好或很好）共＿＿＿項。

針對特殊幼兒所做的調整：給予較少的球讓幼兒分配。

延伸活動：在點心時間或午餐時間時，讓幼兒分配餐具或是食物。

四、語文（含閱讀）領域活動

　　此部分的活動是為了檢核及增進幼兒語文能力所設計的課程，藉著這些活動，培養他們傾聽、表達、閱讀及寫作的技巧。

　　此部分的每項活動都劃分為四個技巧，每個技巧對語文能力的發展都非常的重要，這樣的劃分有利於教師在活動進行時檢核幼兒的表現。有些幼兒在這些技巧的某些方面，會有很出色的表現，但是從另一方面來說，也有些幼兒會在某些技巧上感到吃力或是缺乏興趣，而需要額外的幫助或鼓勵。

　　在語文領域開頭的三項活動進行後，教師會很清楚幼兒較強或較弱的技巧是在哪一方面，根據這些結果，可以修改其餘的活動以及日常的生活教學，以提供該幼兒最適合的語文能力訓練。

　　語文能力四個技巧的劃分方式如下：

1. 聽能：能分辨聲音的不同。
2. 理解：能了解別人說話的意思及文章詞句的意義。
3. 表達：能有效的使用文字傳達自己的意思。
4. 辨認：能分辨字型或圖形的不同。

　　人們經由傾聽、說話、寫作及閱讀來跟他人溝通，透過以下的動作模仿、聽能、理解、表達、看圖說話、閱讀、講故事、認字及扮演等活動幫助幼兒增進語文技巧，而達到溝通的目的。這些活動主要提供下列的聽及理解、說、閱讀、寫、經驗及表達想法，以及社會學習等經驗：

1. 傾聽（聽及理解 1）。
2. 和他人談及或分享自己的經驗（說 1）。
3. 描述人、事、物間的關係（說 2）。
4. 讓語言成為有趣的活動（說 5）。
5. 會寫字、語詞及句子（寫 5）。
6. 能主動閱讀並從閱讀中獲得訊息（閱讀 8）。
7. 講故事（說 8）。
8. 喜歡聽故事（聽及理解 3）。
9. 能讀常用的字及了解其構造（閱讀 10）。

10. 把圖片上看到的東西聯想到真實之事物（經驗及表達想法 2）。

11. 用語文或其他方式表達出想法（經驗及表達想法 1）。

12. 能與他人分享（社會學習 7）。

13. 回答問題（說 9）。

老鼠和大象

學習經驗：聽及理解、說、經驗及表達想法。

材料：大象模型、繪本《小老鼠和大象》（上堤文化）、圖畫紙、蠟筆。

教學內容	學習目標	評量結果			
		不會 1	尚可 2	較好 3	很好 4
1. 聽老師講述故事內容：小老鼠和大象是好朋友，但是他們總是找不到可以一起玩的遊戲，大象好大，小老鼠又太小，大象可以玩的，小老鼠可不行。然後讓幼兒兩人一組，輪流看圖說故事，再用蠟筆在圖畫紙上畫大象與小老鼠及有關人物。 2. 發表心得：「好朋友應該……」。	1. 能專心看圖片與聆聽老師講故事。 2. 能看著故事圖片講故事。 3. 能用蠟筆在圖畫紙上畫故事出現的人物。 4. 能回答小老鼠曾找過的動物。 5. 能回答牠們為什麼不與小老鼠做朋友的原因。 6. 能回答做好朋友應如何相處。				

評量結果：4 代表達成該項目標 75%以上，3 代表達成該項目標 50%～75%，
　　　　　2 代表達成該項目標 25%～50%，1 代表未達成該項目標 25%。

學習目標：共 6 項，通過項目（指評量較好或很好）共＿＿項。

針對特殊幼兒所做的調整：能說出大象名稱。

延伸活動：閱讀其他動物的故事。

學習經驗：聽及理解、說、經驗及表達想法。

材料：繪本《小小迷路》（格林文化）。

教學內容	學習目標	評量結果			
		不會 1	尚可 2	較好 3	很好 4
1. 先聽老師說繪本《小小迷路》的故事，故事內容敘述貓頭鷹小小迷路了，松鼠帶他到處找媽咪。小小說：他的媽咪有大大的身體、尖尖的耳朵、大大的眼睛！松鼠帶他找到：兔子、大熊和青蛙，但他們都不是小小的媽咪，小小非常難過。 2. 讓幼兒說出故事的主角，並請幼兒說出故事中出現了哪些動物，再請幼兒輪流說出自己如果迷路，該怎麼辦？最後請幼兒畫出故事中的動物，選擇自己喜歡的畫。	1. 能注意聆聽老師說故事。 2. 能說出故事中的主角是誰。 3. 能說出故事中有幾種動物。 4. 能說出迷路怎麼辦。 5. 能畫出故事中的動物（自己喜歡的）。				

評量結果：4 代表達成該項目標 75% 以上，3 代表達成該項目標 50%～75%，2 代表達成該項目標 25%～50%，1 代表未達成該項目標 25%。

學習目標：共 5 項，通過項目（指評量較好或很好）共＿＿項。

針對特殊幼兒所做的調整：能模仿故事中的動物聲音。

延伸活動：「天使的農場」（請見下一個活動）。

天使的農場

學習經驗：聽及理解、說、閱讀、經驗及表達想法。

材料：電子書《天使的農場》（長晉數位公司）、圖畫紙、彩色筆。

教學內容	學習目標	評量結果			
		不會 1	尚可 2	較好 3	很好 4
老師先從 Fun Book 雲端悅讀網下載（免費）電子書「天使的農場」（http://www.funbook.com.tw/）給幼兒看，看完後再依圖片講一次故事內容，讓幼兒問問題，最後讓幼兒看著圖片複述內容之後，在圖畫紙上畫出故事內容。	1. 會安靜觀賞電子書。 2. 會提出和內容相關的問題。 3. 會複述故事內容。 4. 能用彩色筆畫出故事的內容。 5. 能說出所畫內容。				

評量結果：4 代表達成該項目標 75%以上，3 代表達成該項目標 50%～75%，
2 代表達成該項目標 25%～50%，1 代表未達成該項目標 25%。

學習目標：共 5 項，通過項目（指評量較好或很好）共＿＿項。

針對特殊幼兒所做的調整：能觀賞電子書。

延伸活動：「難忘的舞台劇」（請見下一個活動）。

難忘的舞台劇

學習經驗：聽及理解、說、閱讀、經驗及表達想法。

材料：電子書《一場難忘的舞台劇》（長晉數位公司）、圖畫紙、彩色筆。

教學內容	學習目標	評量結果			
		不會 1	尚可 2	較好 3	很好 4
老師先放電子書「一場難忘的舞台劇」（http://www.pcstore.com.tw/cjdigital/M04385187.htm）給幼兒看，看完後再依圖片講一次故事內容，讓幼兒問問題，最後讓幼兒看著圖片複述內容之後，在圖畫紙上畫出故事內容。	1. 會安靜觀賞電子書。 2. 會提出和內容相關的問題。 3. 會複述故事內容。 4. 能用彩色筆畫出故事的內容。 5. 能說出所畫內容。				

評量結果：4 代表達成該項目標 75%以上，3 代表達成該項目標 50%～75%，2 代表達成該項目標 25%～50%，1 代表未達成該項目標 25%。

學習目標：共 5 項，通過項目（指評量較好或很好）共＿＿項。

針對特殊幼兒所做的調整：能看圖說話 。

延伸活動：「我會錄音」（請見下一個活動）。

學習經驗：聽及理解。

材料：《幼兒心理故事叢書》6 本（或其他心理成長的書）、錄音筆。

教學內容	學習目標	評量結果			
		不會 1	尚可 2	較好 3	很好 4
1. 讓幼兒選書，說出自己所看的故事內容。 2. 教幼兒操作錄音筆。 3. 放一遍錄音筆內的故事給幼兒聽。 4. 讓幼兒聽完錄音筆後補充之前的內容再錄一次。	1. 能安靜看自己的書。 2. 能用至少 3 句話介紹自己所看的書。 3. 能聽老師講解錄音筆的操作及其機件名稱。 4. 能按按鈕，錄自己聲音。 5. 能聽自己剛錄的內容。 6. 能補充之前的內容再錄一次。 7. 能專心聽同學講故事。				

評量結果：4 代表達成該項目標 75%以上，3 代表達成該項目標 50%～75%，
　　　　　　2 代表達成該項目標 25%～50%，1 代表未達成該項目標 25%。

學習目標：共 7 項，通過項目（指評量較好或很好）共＿＿＿項。

針對特殊幼兒所做的調整：無法看書的幼兒，可看圖片說出圖片內容就好。

延伸活動：將錄音筆拿給幼兒錄音。

學習經驗：聽及理解、說。

材料：閃示卡、37 個注音符號聲母韻母卡（21 個聲母、16 個韻母）、折疊板、常用國字卡。

教學內容	學習目標	評量結果			
		不會 1	尚可 2	較好 3	很好 4
1. 閃卡遊戲：一一翻開閃示卡，請幼兒注視，並告訴幼兒答案。 2. 記憶遊戲：在幼兒們都看過閃示卡後，老師拿出剛看過的閃示卡，請幼兒回憶並說出閃示卡的內容。 3. 拼音遊戲： 　(1)先將注音符號的聲母、韻母分兩堆放。 　(2)請 2 位幼兒，一人拿聲母、一人拿韻母，放在折疊板上，再一起研究其讀音，或呈現國字，請幼兒拼音。 　(3)讓幼兒就拼音想像其他字及造詞。	1. 能注視閃示卡。 2. 能在遊戲中保持興趣。 3. 能說出所看到閃示卡的字。 4. 能輪流拿卡。 5. 能和他人共同完成一件事。 6. 能讀出拼音。 7. 呈現國字時能拼音。 8. 能想出類似音的字。 9. 能造詞。				

評量結果：4 代表達成該項目標 75% 以上，3 代表達成該項目標 50%～75%，2 代表達成該項目標 25%～50%，1 代表未達成該項目標 25%。

學習目標：共 9 項，通過項目（指評量較好或很好）共＿＿項。

針對特殊幼兒所做的調整：

　　1. 能注視閃示卡。

　　2. 能在遊戲中保持興趣。

延伸活動：「說說看有什麼」（請見下一個活動）。

說說看有什麼

學習經驗：分類、聽及理解、說、經驗及表達想法。

材料：家電用品、衣服、食品等圖片。

教學內容	學習目標	評量結果			
		不會 1	尚可 2	較好 3	很好 4
1. 請幼兒一一說出圖片內容。 2. 請幼兒一一說出圖片上的物品功用。 3. 將圖片一一散放在桌面上，問幼兒： 　⑴學校有的電器有哪些？請幼兒拿起。 　⑵可以吃飽的食物有哪些？請幼兒拿起。 　⑶可以穿戴在身上的有哪些？請幼兒拿起。 4. 桌上放置3張圖片，請幼兒一一說出內容，再請幼兒閉上眼睛後，從中拿走1張，再問幼兒哪1張不見了？ 5. 桌上放置4張圖片，請幼兒一一說出內容，再請幼兒閉上眼睛後，從中拿走2張，再問幼兒哪2張不見了？ 6. 桌上放置5張圖片，請幼兒一一說出內容，再請幼兒閉上眼睛後，從中拿走2張，再問幼兒哪2張圖片不見了？	1. 能說出圖片內容10張以上。 2. 能說出圖片上的物品功用。 3. 能找出學校電器類之圖片。 4. 能找出可以吃飽之圖卡（例如：麵包、麵、飯等）。 5. 能找出可以穿戴在身上的物品（例如：衣服、褲子、帽子、眼鏡等）。 6. 能由3張圖片中，經觀察後找出哪1張不見了。 7. 能在4張圖片中，說出哪2張不見了。 8. 能在5張圖片中，說出哪2張不見了。				

評量結果：4代表達成該項目標75%以上，3代表達成該項目標50%～75%，2代表達成該項目標25%～50%，1代表未達成該項目標25%。

學習目標：共8項，通過項目（指評量較好或很好）共＿＿＿項。

針對特殊幼兒所做的調整：能說出圖片名稱。

延伸活動：閱讀繪本。

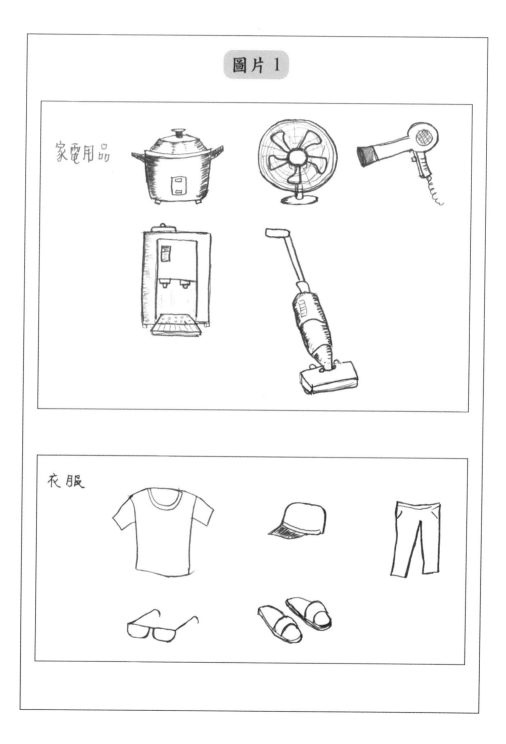

圖片 2

食品

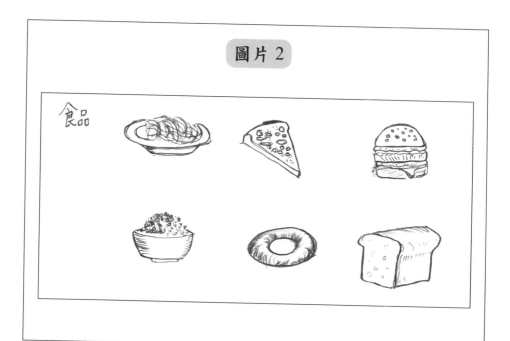

辨音遊戲（ㄇㄊ）

學習經驗：聽及理解、說。

材料：彩色筆、作業單、兒歌海報、圖卡：ㄇ（馬、帽子、媽媽、貓、麵包）、ㄊ（桃子、糖果、兔子、湯匙、太陽）。

教學內容	學習目標	評量結果			
		不會 1	尚可 2	較好 3	很好 4
先給幼兒看兩組圖卡並要其說出名稱，不知道名稱時由老師說出並要幼兒仿說一遍，告訴幼兒有一組圖片的名稱都有ㄊ音，另一組都有ㄇ音，接著貼上兒歌海報帶幼兒唱兒歌，請幼兒圈出注音符號ㄊ和ㄇ。	1. 能說出老師指示的圖卡名稱。 2. 能讀出名稱中各有的ㄊ音或ㄇ音。 3. 能跟著唱兒歌。 4. 能指出兒歌上的注音符號ㄊ或ㄇ。 5. 能用彩色筆圈出兒歌裡相同的注音符號ㄊ和ㄇ。				

評量結果：4 代表達成該項目標 75%以上，3 代表達成該項目標 50%～75%，2 代表達成該項目標 25%～50%，1 代表未達成該項目標 25%。

學習目標：共 5 項，通過項目（指評量較好或很好）共＿＿項。

針對特殊幼兒所做的調整：仿唸即可。

延伸活動：1. 將注音符號圖卡放在角落，並將兒歌海報貼在角落布告。

2.「辨音遊戲（ㄑㄔ）」（請見下一個活動）。

圖卡

ㄇ

ㄊ

辨音遊戲（ㄑㄔ）

學習經驗：聽及理解、說。

材料：兒歌海報、彩色筆、圖卡：ㄑ（汽車、氣球、騎馬、鉛筆、青菜）、ㄔ（吃飯、船、長頸鹿、窗戶）。

教學內容	學習目標	評量結果			
		不會 1	尚可 2	較好 3	很好 4
唱兒歌，再讓幼兒看圖卡說出其名稱，綜合其共有的音ㄑ和ㄔ兩種，讓幼兒唸兒歌及詞語，了解各有ㄑ和ㄔ音，並用彩色筆圈出，最後能說出平日自己認識的物品或語詞中有ㄑ或ㄔ音。	1. 能說出老師指示的圖卡名稱。 2. 能唸出圖卡中的ㄑ音和ㄔ音。 3. 能唸海報上的兒歌及語詞。 4. 能用筆摹寫ㄔ、ㄑ一次。 5. 能用彩色筆圈出兒歌裡相同的注音符號ㄔ和ㄑ。 6. 能說出平日物品中有ㄔ或ㄑ音的詞，例如：吃飯，七天。				

評量結果：4 代表達成該項目標 75%以上，3 代表達成該項目標 50%～75%，2 代表達成該項目標 25%～50%，1 代表未達成該項目標 25%。

學習目標：共 6 項，通過項目（指評量較好或很好）共＿＿項。

針對特殊幼兒所做的調整：

　　　　1. 能用筆摹寫一次ㄔ、ㄑ構造。

　　　　2. 能用彩色筆圈出兒歌裡相同的注音符號ㄔ和ㄑ。

延伸活動：「認字：木」（請見下一個活動）。

圖卡

學習經驗：閱讀、經驗及表達想法。

材料：樹、象形文字卡片、名牌、彩色筆、作業單（可印繪本中的一頁）。

教學內容	學習目標	評量結果			
		不會 1	尚可 2	較好 3	很好 4
1. 先帶幼兒至草地上觀察樹木的樣子，讓幼兒用手摸樹幹，回到教室後，請幼兒說說樹的模樣，用肢體做出樹的造型。 2. 出示「木」的象形文字，彷彿葉子掉光的樹，讓幼兒模仿繪出「木」的象形字，「木」上面為樹枝，下面為分叉的樹根，請幼兒依筆順描摹字形，並將兒歌或作業單的「木」字圈出，然後請幼兒找找班上名牌中誰的名字中有「木」字。	1. 能觀察樹的造型（樹枝、樹幹、樹根）。 2. 能用肢體做出樹的造型。 3. 能模仿「木」的象形字，繪出「木」。 4. 能依筆順描摹「木」字。 5. 能將作業單中的「木」字圈出。 6. 能指出班上名字中何者有「木」。				

評量結果：4 代表達成該項目標 75%以上，3 代表達成該項目標 50%～75%，
2 代表達成該項目標 25%～50%，1 代表未達成該項目標 25%。

學習目標：共 6 項，通過項目（指評量較好或很好）共＿＿項。

針對特殊幼兒所做的調整：能說出樹木。

延伸活動：「認字：火（一）」（請見下一個活動）。

卡片

木　　　象形　　　木

認字：火（一）

學習經驗：閱讀、經驗及表達想法。

材料：蠟燭、火柴、象形文字卡片、作業單（可印繪本中的一頁）。

教學內容	學習目標	評量結果			
		不會 1	尚可 2	較好 3	很好 4
從觀察蠟燭的火，讓幼兒描述「火」的感覺，以及「火」的特性、顏色，再配合象形文字卡片，將圖案中「火」的部分塗上顏色，依字形模仿畫線條，並將「火」字圈出讓幼兒模仿繪「火」的象形字，請幼兒依筆順描摹字形，並將作業單的「火」字圈出。	1. 能觀察蠟燭上的火。 2. 會說出「火」的感覺。 3. 能將象形文字圖案中「火」的部分塗上顏色。 4. 能依筆順仿畫「火」的線條。 5. 能將作業單上的「火」字圈出。				

評量結果：4 代表達成該項目標 75%以上，3 代表達成該項目標 50%～75%，2 代表達成該項目標 25%～50%，1 代表未達成該項目標 25%。

學習目標：共 5 項，通過項目（指評量較好或很好）共＿＿＿項。

針對特殊幼兒所做的調整：能說出火的感覺。

延伸活動：「認字：火（二）」（請見下一個活動）。

卡片

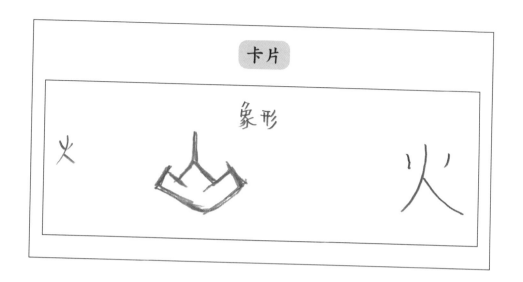

認字：火（二）

學習經驗：聽及理解、說、閱讀。

材料：蠟燭、火柴、蠟筆。

教學內容	學習目標	評量結果			
		不會 1	尚可 2	較好 3	很好 4
由蠟燭燃燒引導幼兒觀看火的產生而認識火，請幼兒說出火的功能及性質，呈現火的卡片，讓幼兒看圖認識火的結構及聲音，摹寫字形並造詞造句，最後請幼兒畫出和火相關的圖畫，例如：火車。	1. 能觀看與了解燃燒蠟燭會發出火光和熱。 2. 能說出火的功能或性質（熱）。 3. 能用蠟筆摹寫火字字形。 4. 能發出火的聲音。 5. 能用火造句或造詞（例如：火車）。 6. 能畫出和火相關的圖。				

評量結果：4 代表達成該項目標 75%以上，3 代表達成該項目標 50%～75%，2 代表達成該項目標 25%～50%，1 代表未達成該項目標 25%。

學習目標：共 6 項，通過項目（指評量較好或很好）共＿＿項。

針對特殊幼兒所做的調整：能說出火的功能或性質（熱）。

延伸活動：「認字：手」（請見下一個活動）。

認字：手

學習經驗：聽及理解、說。

材料：書、兒歌海報。

教學內容	學習目標	評量結果			
		不會 1	尚可 2	較好 3	很好 4
老師從手的形狀，讓幼兒比對字形，用手指跟著老師在紙上描繪字形，再用彩色筆將「手」字著色，從書（兒歌海報）中找出「手」字。	1. 能模仿老師說「手」音。 2. 能用手指跟著老師在紙上描繪字形。 3. 能依筆順將「手」字著色。 4. 能指出兒歌海報中「手」的字。 5. 能從書中找出哪裡有「手」字。				

評量結果：4 代表達成該項目標 75%以上，3 代表達成該項目標 50%～75%，
　　　　　　2 代表達成該項目標 25%～50%，1 代表未達成該項目標 25%。

學習目標：共 5 項，通過項目（指評量較好或很好）共＿＿＿項。

針對特殊幼兒所做的調整：能指出自己的手。

延伸活動：「認字：上、下（一）」（請見下一個活動）。

認字：上、下（一）

學習經驗：聽及理解、說、閱讀。

材料：影印繪本中的一頁、圖畫書、玩具屋、布偶、小娃娃、彩色筆。

教學內容	學習目標：標	評量結果			
		不會 1	尚可 2	較好 3	很好 4
1. 老師將布偶放在桌上讓幼兒將其放在手上，再拿出兩層玩具屋，指出何者為樓上、何者為樓下，將小娃娃放在玩具屋樓上，問幼兒小娃娃在樓上還是樓下，讓幼兒依指示將小娃娃放在玩具屋的上面（樓上）。 2. 發下作業單，讓幼兒用食指在作業單「上」、「下」描繪字形，再用彩色筆塗作業單的字形，並造詞。	1. 會依指示將布偶放在桌子上。 2. 會依指示將布偶拿在手上。 3. 會指出玩具屋的樓上在哪裡。 4. 會指出玩具屋的樓下在哪裡。 5. 會依指示將小娃娃放在玩具屋的上面（樓上）。 6. 會用食指在作業單「上」、「下」描繪字形。 7. 會用彩色筆在作業單上塗「上」、「下」。 8. 會說出上下的詞。				

評量結果：4 代表達成該項目標 75%以上，3 代表達成該項目標 50%～75%，2 代表達成該項目標 25%～50%，1 代表未達成該項目標 25%。

學習目標：共 8 項，通過項目（指評量較好或很好）共＿＿＿項。

針對特殊幼兒所做的調整：能將布偶拿在手上。

延伸活動：「認字：上、下（二）」（請見下一個活動）。

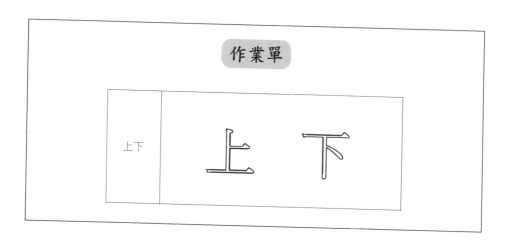

認字：上、下（二）

學習經驗：聽及理解、說、閱讀。

材料：動物模型、玩具屋、長方體柱、作業單。

教學內容	學習目標	評量結果			
		不會 1	尚可 2	較好 3	很好 4
老師拿出兩層玩具屋，呈現上的字形時，將動物模型放在樓上，問幼兒動物在樓上還是樓下；呈現下的字形時，再請幼兒拿出另一個動物模型要他放在房屋樓下。讓幼兒知道上及下的形狀及意義後，再用長方體柱排出上及下，並用上及下造詞，之後在作業單圈出「上」及「下」。	1. 能說出動物是在房子的樓上或樓下。 2. 能依照字形，將動物正確的放回樓上或樓下。 3. 會用長方體柱排出「上」、「下」字。 4. 能用「上」、「下」字造句造詞。 5. 能圈出作業單的「上」及「下」字。				

評量結果：4 代表達成該項目標 75% 以上，3 代表達成該項目標 50%～75%，2 代表達成該項目標 25%～50%，1 代表未達成該項目標 25%。

學習目標：共 5 項，通過項目（指評量較好或很好）共＿＿項。

針對特殊幼兒所做的調整：看著字形排「上」及「下」。

延伸活動：「認字：月、日」（請見下一個活動）。

作業單

圈出上字及下字	
造飛機造飛機	來到青草地
蹲下來蹲下來	我做推進器
蹲下去蹲下去	我做飛機翼
彎著腰彎著腰	飛機做得奇
飛上去飛上去	飛到白雲裡

學習經驗：聽及理解、說、閱讀。

材料：繪本故事書、蠟筆、影印繪本中有「月」、「日」的頁數、月曆（或桌曆）。

教學內容	學習目標	評量結果			
		不會 1	尚可 2	較好 3	很好 4
問幼兒今天是幾月幾日，呈現月及日的卡片，再打開月曆並介紹月及日的意義。讓幼兒分辨月及日，並描寫月及日，請幼兒畫出月亮及太陽，從故事書中找出月及日字。	1. 能說出今天是幾月幾日。 2. 能在月曆上找到月字。 3. 能在月曆上找到日字。 4. 能用蠟筆在作業單上描寫月字。 5. 能用蠟筆在作業單上描寫日字。 6. 能畫月亮。 7. 能畫太陽。 8. 能將月亮及太陽圖形著色。 9. 能從文章中找出日及月。				

評量結果：4 代表達成該項目標 75% 以上，3 代表達成該項目標 50%～75%，2 代表達成該項目標 25%～50%，1 代表未達成該項目標 25%。

學習目標：共 9 項，通過項目（指評量較好或很好）共＿＿項。

針對特殊幼兒所做的調整：能將月亮及太陽圖形著色。

延伸活動：「認字：爸爸、媽媽、哥哥、姊姊、弟弟、妹妹」（請見下一個活動）。

作業單

月日	
描寫「月」及「日」字	
畫出「月亮」及「太陽」	

認字：爸爸、媽媽、哥哥、姊姊、弟弟、妹妹

學習經驗：聽及理解、說。

材料：相片、卡片（爸爸、媽媽、哥哥、姊姊、弟弟、妹妹）。

教學內容	學習目標	評量結果			
		不會 1	尚可 2	較好 3	很好 4
1. 老師請幼兒先介紹自己家裡的成員並展示家人的相片。 2. 再請幼兒觀察桌上呈現的相片有誰：爸爸、媽媽、哥哥、姊姊、弟弟、妹妹，藉由指認圖卡認識名稱，並依指示將圖卡依爸爸、媽媽、哥哥、姊姊、弟弟、妹妹排出順序。 3. 透過相片的引導認識字，進行圖與字的配對來認字。	1. 能主動介紹自己的家人。 2. 能在觀察後說出相片名稱。 3. 能依指示拿取相片。 4. 能說出相片中的人物名稱。 5. 能在透過相片引導認字過程中，做相片與卡片的配對。（爸爸、媽媽、哥哥、姊姊、弟弟、妹妹）				

評量結果：4 代表達成該項目標 75%以上，3 代表達成該項目標 50%～75%，2 代表達成該項目標 25%～50%，1 代表未達成該項目標 25%。

學習目標：共 5 項，通過項目（指評量較好或很好）共＿＿項。

針對特殊幼兒所做的調整：說出家裡有哪些人。

延伸活動：「記憶、認字」（請見下一個活動）。

記憶、認字

學習經驗：時間、空間、主動學習、聽及理解、說、經驗及表達想法。

材料：碗（2 個）、書、筆、筷子、剪刀、毛巾、膠水、吸管、卡片、小皮球。

教學內容	學習目標	評量結果			
		不會 1	尚可 2	較好 3	很好 4
1. 教師拿出膠水問幼兒這是什麼？ 2. 將膠水放在 2 個碗中的 1 個碗裡，蓋上毛巾問幼兒膠水在哪裡？讓幼兒猜膠水在哪一個碗裡。 3. 教師手中再拿 1 顆小皮球放在兩個碗中的 1 個碗裡，蓋上毛巾問幼兒球在哪裡？讓幼兒猜一猜。 4. 介紹物品時，一邊介紹卡片，一邊讓卡片與圖放在一起，讓幼兒認字及圖（先二種物品、再三種），例如：筷子、膠水、剪刀、書、筆。 5. 將毛巾蓋於物品上方並取走一物，問幼兒什麼東西不見了？請幼兒拿出不見物品的卡片或圖片。 6. 將五種物品擺於桌面讓幼兒說出物品名稱，蓋上毛巾，請幼兒說出毛巾內的五種物品。	1. 能說出膠水。 2. 能注意老師的動作並回答。 3. 能知道物品不見了。 4. 能猜膠水是放在左邊或右邊的碗裡。 5. 能猜小皮球是放在左邊或右邊的碗裡。 6. 能說出物品名稱。 7. 能認讀卡片。 8. 能說出哪種物品不見了。 9. 能找出不見的物品卡片或圖卡。 10. 能說出五種物品之名稱。				

評量結果：4 代表達成該項目標 75%以上，3 代表達成該項目標 50%～75%，2 代表達成該項目標 25%～50%，1 代表未達成該項目標 25%。

學習目標：共 10 項，通過項目（指評量較好或很好）共＿＿＿項。

針對特殊幼兒所做的調整：能說出物品名稱。

延伸活動：讓幼兒觀察教室哪個同學未出席。

小企鵝

學習經驗：聽及理解、說、閱讀。

材料：彩色筆、小企鵝兒歌、故事：小鳥飛呀飛、象形字：鳥、飛。

教學內容	學習目標	評量結果			
		不會 1	尚可 2	較好 3	很好 4
1. 藉象形字解說鳥、飛，導讀「小鳥飛呀飛」的故事，讓幼兒感受故事情感並帶表演動作〔小鳥學飛翅膀——（藉手動作）擺動〕，引導幼兒發表觀察哪些鳥類有翅膀不會飛，藉觀察說明小企鵝兒歌之情境，學習鳥與飛之生字，並造出「××是會飛的鳥，××是不會飛的鳥」，說出鳥的名稱與句型。 2. 用彩色筆將鳥、飛字圈起來，再看看自己認得哪些字（複習），複習男生與女生兒歌。	1. 能指認鳥、飛兩個生字。 2. 能傾聽兒歌並讀出來。 3. 能說出哪些鳥會飛，哪些鳥不會飛。 4. 造句：××是會飛的鳥，××是不會飛的鳥。 5. 能用彩色筆圈出自己認識的字。				

評量結果：4 代表達成該項目標 75%以上，3 代表達成該項目標 50%～75%，
　　　　　2 代表達成該項目標 25%～50%，1 代表未達成該項目標 25%。

學習目標：共 5 項，通過項目（指評量較好或很好）共____項。

針對特殊幼兒所做的調整：能做生字配對。

延伸活動：介紹其他兒歌認字。

作業單

國字	象形字
飛	
鳥	

五、精細動作（含美感）領域活動

　　此部分的活動是為了檢核及增進幼兒精細動作能力所設計的課程，這些需要動手操作的活動，能激發幼兒的手部精細能力及藝術方面之潛能。

　　此部分的每項活動都劃分為四個技巧，每個技巧對精細動作能力的發展都非常的重要，這樣的劃分有利於教師在活動進行時檢核幼兒的表現。有些幼兒在這些技巧的某些方面，會有很出色的表現，但是從另一方面來說，也有些幼兒會在某些技巧上感到吃力或是缺乏興趣，而需要額外的幫助或鼓勵。

　　在精細動作領域開頭的三項活動進行後，教師會很清楚幼兒較強或較弱的技巧是在哪一方面，根據這些結果，可以修改其餘的活動以及日常的生活教學，以提供該幼兒最適合的精細動作能力訓練。

　　精細動作能力四個技巧的劃分方式如下：

1. 視覺敏感度：能注意及分辨出不同顏色、材質、大小及設計。
2. 欣賞：能欣賞及評估藝術作品。
3. 技巧：有技巧的使用工具及材料。
4. 獨創性：能做出特別及不平常的作品。

和精細動作相關的學習經驗如下：

1. 能經由感官主動探索，認識各種物品及材料的功能及特性，並正確操作（主動學習 2）。
2. 藉由操作了解物體之間的關係（主動學習 3）。
3. 操作、轉換及組合材料（主動學習 5）。
4. 用繪畫及創作表達自己的想法（經驗及表達想法 5）。

氣球紙漿工（一）

學習經驗：空間、主動學習。

材料：氣球、報紙、漿糊、容器。

教學內容	學習目標	評量結果			
		不會 1	尚可 2	較好 3	很好 4
1. 老師將氣球充好氣備用，告訴幼兒今天要將氣球包起來。 2. 調好漿糊水，分裝在兩個容器內。 3. 指導幼兒將報紙撕成寬 2 公分、長 20 公分的紙條。 4. 將紙條浸在漿糊水中（要一條一條的浸，否則會變成一團一團的）。 5. 用濕的紙條將氣球一層一層包起來，包的愈多層，紙漿球就愈堅固。 6. 放在陰涼處晾乾。 7. 晾乾後才能在報紙上畫喜歡的圖案。	1. 能說出氣球。 2. 能說出漿糊溶於水。 3. 能說出氣球占有空間（氣球打氣之後才能做紙漿球）。 4. 能將報紙撕成寬 2 公分、長 20 公分的紙條。 5. 能將紙條一條一條的浸在漿糊水中。 6. 能用紙條一層一層的將氣球包起來。 7. 能將氣球整個包起來。				

評量結果：4 代表達成該項目標 75%以上，3 代表達成該項目標 50%～75%，2 代表達成該項目標 25%～50%，1 代表未達成該項目標 25%。

學習目標：共 7 項，通過項目（指評量較好或很好）共＿＿＿項。

針對特殊幼兒所做的調整：能將紙條浸在漿糊水中。

延伸活動：「氣球紙漿工（二）」（請見下一個活動）。

氣球紙漿工（二）

學習經驗：主動學習、聽及理解、社會學習。

材料：氣球、報紙、漿糊。

教學內容	學習目標	評量結果			
		不會 1	尚可 2	較好 3	很好 4
1. 和上一個活動不同的是，這次氣球已經充好氣，將報紙撕成紙條，浸泡入漿糊水中，泡一會後撈起，黏貼在氣球上，依序貼完即完成。 2. 收拾。	1. 能聆聽老師解說工作程序。 2. 能自行吹一個氣球。 3. 能在需要協助時，請求幫助（例如：吹不起來時會求助）。 4. 能將報紙撕成條狀。 5. 能將漿糊泡在水中。 6. 能撈起泡過水的紙條黏貼在氣球上。 7. 能依序貼紙條。 8. 能將氣球貼滿紙漿條而沒有看到氣球。 9. 能將氣球陰乾。 10. 能主動或在請求下協助收拾。				

評量結果：4 代表達成該項目標 75%以上，3 代表達成該項目標 50%～75%，2 代表達成該項目標 25%～50%，1 代表未達成該項目標 25%。

學習目標：共 10 項，通過項目（指評量較好或很好）共＿＿項。

針對特殊幼兒所做的調整：能將紙條浸在漿糊水中。

延伸活動：玩氣球遊戲。

棉線畫（一）

學習經驗：分類、主動學習、說、經驗及表達想法。

材料：塑膠繩、尼龍繩、棉繩、彩色筆、粉彩紙、白膠。

教學內容	學習目標	評量結果			
		不會 1	尚可 2	較好 3	很好 4
1. 展示各種繩子，讓幼兒觸摸繩子，並發現繩子是由很多條細線組合而成的。 2. 問還有哪些不同的繩子。 3. 問繩子有哪些用途。 4. 提醒幼兒可以用繩子圍出各種圖案，也可將繩子用來作為圖畫的輪廓。 5. 讓幼兒用彩色筆在粉彩紙上畫出欲呈現的圖，再將白膠塗在畫好的輪廓上，最後將繩子貼在有白膠的地方，並將多餘的繩子剪掉。 6. 讓幼兒發現剪下的棉繩黏在紙上有雪的效果，棉繩黏好了可以用彩色筆上顏色來裝飾。 7. 分享。	1. 能知道繩子可以分成更細的線。 2. 能說出二種以上的繩子。 3. 能說出二種以上繩子的用途。 4. 能說出繩子可以用來圍圖案。 5. 能說出輪廓有寬、細，也可用繩子呈現。 6. 能先用彩色筆將圖畫在粉彩紙上。 7. 能將白膠黏貼在畫好的輪廓上。 8. 能將繩子貼在白膠上。 9. 能將不要的繩子剪掉。 10. 能觀察剪下來的棉絮像雪。 11. 能用彩色筆裝飾棉線增加圖的可看性。				

評量結果：4 代表達成該項目標 75%以上，3 代表達成該項目標 50%～75%，
2 代表達成該項目標 25%～50%，1 代表未達成該項目標 25%。

學習目標：共 11 項，通過項目（指評量較好或很好）共＿＿＿項。

針對特殊幼兒所做的調整：能說出繩子名稱。

延伸活動：「棉線畫（二）」（請見下一個活動）。

棉線畫（二）

學習經驗：主動學習、說、經驗及表達想法。

材料：繩子、白膠。

教學內容	學習目標	評量結果			
		不會 1	尚可 2	較好 3	很好 4
1. 展示繩子，請幼兒發表繩子的各項功能。 2. 當有人發表至「作畫」時即切入今日主題——繩子畫。 3. 發給幼兒每人一份材料，請幼兒開始創作。 4. 發表作品並收拾。	1. 能說出至少1項繩子的功能。 2. 能說出自己想畫的東西。 3. 能先用色筆畫好底稿。 4. 能將白膠貼在圖案內。 5. 能用繩子在白膠塗抹處作畫。 6. 能專心完成作品。 7. 能參與收拾工作。				

評量結果：4代表達成該項目標75%以上，3代表達成該項目標50%～75%，2代表達成該項目標25%～50%，1代表未達成該項目標25%。

學習目標：共7項，通過項目（指評量較好或很好）共＿＿＿項。

針對特殊幼兒所做的調整：能說出繩子。

延伸活動：將繩子做成的畫展示在角落。

學習經驗：空間、主動學習、經驗及表達想法、社會學習。

材料：衛生紙、白報紙。

教學內容	學習目標	評量結果			
		不會 1	尚可 2	較好 3	很好 4
老師示範如何黏貼衛生紙及說明造型設計，然後由幼兒自行操作組合及表達創作內容。	1. 能將衛生紙撕成條狀。 2. 能與其他幼兒交換顏色紙。 3. 能吹衛生紙。 4. 能搓揉衛生紙成一團。 5. 能將衛生紙沾水彩。 6. 能將紙團準確的丟在白報紙上。 7. 能分享。 8. 能收拾整理。				

評量結果：4 代表達成該項目標 75%以上，3 代表達成該項目標 50%～75%，2 代表達成該項目標 25%～50%，1 代表未達成該項目標 25%。

學習目標：共 8 項，通過項目（指評量較好或很好）共＿＿項。

針對特殊幼兒所做的調整：能撕開衛生紙。

延伸活動：將衛生紙貼在紙上作畫。

學習經驗：主動學習、聽及理解、說。

材料：透明膠帶手套、奇異筆、膠帶、亮片、緞帶。

教學內容	學習目標	評量結果			
		不會 1	尚可 2	較好 3	很好 4
老師用透明膠帶做成的手套偶，向幼兒問好，引發幼兒製作手套偶的興趣，然後利用各種材料製作手套偶及扮演。	1. 會專心看老師演示與回答問題。 2. 會用奇異筆在膠帶手套中心畫臉譜、頭髮。 3. 會用膠帶黏貼緞帶亮片做裝飾。 4. 會操作手套偶。 5. 會用手套偶與人對話。				

評量結果：4 代表達成該項目標 75%以上，3 代表達成該項目標 50%～75%，
2 代表達成該項目標 25%～50%，1 代表未達成該項目標 25%。

學習目標：共 5 項，通過項目（指評量較好或很好）共＿＿項。

針對特殊幼兒所做的調整：能戴上手套偶。

延伸活動：「棒棒偶」（請見下一個活動）。

學習經驗：聽及理解、說、社會學習。

材料：紙黏土、水、白膠、竹筷。

教學內容	學習目標	評量結果			
		不會 1	尚可 2	較好 3	很好 4
1. 介紹布袋戲。 2. 介紹材料。 3. 讓幼兒用紙黏土與竹筷製作一個棒棒偶。 4. 命名。 5. 分享。	1. 能說出材料名稱。 2. 能說出紙黏土的顏色。 3. 能選擇使用材料。 4. 能說出自己做的棒棒偶名稱。 5. 能將紙黏土貼在竹筷上。 6. 能將水或白膠塗抹在紙黏土與竹筷的接縫處，使棒棒偶堅固。 7. 能收拾材料與垃圾。				

評量結果：4 代表達成該項目標 75%以上，3 代表達成該項目標 50%～75%，
　　　　　　2 代表達成該項目標 25%～50%，1 代表未達成該項目標 25%。

學習目標：共 7 項，通過項目（指評量較好或很好）共＿＿項。

針對特殊幼兒所做的調整：能說出材料名稱及顏色。

延伸活動：使用紙黏土做其他物品。

小蜜蜂

學習經驗：數、空間、主動學習、經驗及表達想法、社會學習。

材料：黏土、毛根、牙籤、樹葉、剪刀、刀片、膠帶台。

教學內容	學習目標	評量結果			
		不會 1	尚可 2	較好 3	很好 4
1. 老師唱「小蜜蜂」歌曲，請幼兒跟著唱，然後請幼兒說出這首歌的主角是誰。 2. 老師呈現已做好的小蜜蜂，請幼兒觀察這個小蜜蜂的製作材料。 3. 拿出準備的材料，請幼兒自選材料自製小蜜蜂。 4. 請幼兒玩「拜訪遊戲」藉以分享。	1. 能跟著唱歌謠「小蜜蜂」。 2. 能說出主角是小蜜蜂。 3. 能參與觀察活動。 4. 能說出製作蜜蜂的材料。（黏土、毛根、牙籤、樹葉） 5. 會將黏土搓成圓球。 6. 會將黏土搓成長條狀。 7. 能為自己選材料。				

評量結果：4 代表達成該項目標 75%以上，3 代表達成該項目標 50%～75%，2 代表達成該項目標 25%～50%，1 代表未達成該項目標 25%。

學習目標：共 7 項，通過項目（指評量較好或很好）共＿＿項。

針對特殊幼兒所做的調整：能唱歌謠「小蜜蜂」。

延伸活動：用紙黏土做三隻小豬，並講故事。

美麗的花環（一）

學習經驗：空間、說。

材料：線、壁報紙做的花、吸管、鈴鐺、有孔的珠子。

教學內容	學習目標	評量結果			
		不會 1	尚可 2	較好 3	很好 4
1. 先問幼兒是否知道花環是什麼？有沒有看過？以及在什麼地方看過？ 2. 將事先做好的花環取出給幼兒看，讓他們說出要怎麼去做花環。 3. 指導幼兒自己做花環，每人拿一條線，利用已做好的花或葉子，穿過上面的洞，再加上有洞的大小不同之吸管、鈴鐺或珠子。 4. 完成後戴上自己的成品，大家一起欣賞。	△和他人談及或分享自己的經驗（說1）： 1. 能說出花環的樣子，以及花環是用什麼做的。 △描述人、事、物間的關係（說2）： 2. 能說出老師做好的花環是由什麼東西組成的。 △把一些物品重新組合，並觀察組合後在空間中所呈現之不同現象（空間2）： 3. 能將紙花穿過去。 4. 能將吸管穿過去。 5. 能將珠子穿過去。 6. 能將鈴鐺穿過去。				

評量結果：4 代表達成該項目標 75%以上，3 代表達成該項目標 50%～75%，2 代表達成該項目標 25%～50%，1 代表未達成該項目標 25%。

學習目標：共 6 項，通過項目（指評量較好或很好）共＿＿＿項。

針對特殊幼兒所做的調整：可視幼兒能力要求不同數目的花環。速度較快的幼兒，另給紙張，讓幼兒們自己設計花環上的物品再做一個，可送給老師或媽媽。

延伸活動：1. 將做好的花環展示在角落。

2. 「美麗的花環（二）」（請見下一個活動）。

美麗的花環（二）

學習經驗： 分類、主動學習、說、經驗及表達想法。
材料： 5 種顏色之紙花、線、串珠。

教學內容	學習目標	評量結果			
		不會 1	尚可 2	較好 3	很好 4
1. 請幼兒回想上星期做了什麼活動？用了哪些材料？ 2. 請教師拿出兩串花環： ①○○○○○○○○○○ ②●●●●●●●●●● 請幼兒觀察其異同（同：材料相同；異：一串為隨意組合，一串為固定之排列順序，例如：紅白相間）。 3. 依幼兒能力，要求幼兒依不同之排列方法串成美麗的花環，並說出使用了多少紙花及串珠。 4. 完成後共同欣賞成品。	△和他人談及或分享自己的經驗（說 1）： 1. 能說出上星期做了花環。 2. 能說出花環使用的材料。 △能辨別及描述物品相同及相異之處（分類 2）： 3. 能說出兩串花環的相同處。 4. 能說出兩串花環的相異處。 △操作、轉換及組合材料（主動學習 5）： 5. 能將不同顏色的紙花及串珠穿過線。 6. 能自行完成作品。 △討論及分享自己及他人的意象（經驗及表達想法 4）： 7. 能說出使用了多少紙花及串珠。 8. 能說出自己的花環是屬於何種排列組合。 9. 能說出自己的花環和別人的花環有何不同。				

評量結果： 4 代表達成該項目標 75%以上，3 代表達成該項目標 50%～75%，
2 代表達成該項目標 25%～50%，1 代表未達成該項目標 25%。
學習目標： 共 9 項，通過項目（指評量較好或很好）共＿＿項。
針對特殊幼兒所做的調整： 可視幼兒能力要求不同數目的花環。
延伸活動： 將做好的花環展示在角落。

蔬菜項鍊

學習經驗：分類、主動學習、說、經驗及表達想法。

材料：有洞的蔬菜丁（紅白蘿蔔、黃瓜、青椒等）、線、彩色吸管。

教學內容	學習目標	評量結果			
		不會 1	尚可 2	較好 3	很好 4
1. 引起動機：問幼兒吃飯時，都吃些什麼東西？有哪些蔬菜？ 2. 認識蔬菜： 　(1)拿實際的蔬菜，以加深幼兒印象。 　(2)傳閱蔬菜，使幼兒能仔細觀察並感覺它。 　(3)問幼兒，上述的蔬菜是什麼名稱？外型為何？吃起來的味道為何？ 　(4)蔬菜除了可以吃，還有何用途？ 3. 展示已事先做好之蔬菜項鍊，問幼兒想不想自己也做一條項鍊？ 4. 製作項鍊：可自行創作或參考老師示範。 5. 問幼兒能說出自己項鍊上有幾種蔬菜？能說出名稱嗎？ 6. 幼兒互相欣賞項鍊。	1. 能說出常吃的蔬菜名稱。 2. 能說出其名稱。 3. 能說出蔬菜的外形及味道。 4. 能說出蔬菜除了可以吃之外，還有何用途。 5. 能將蔬菜丁及吸管串成項鍊。 6. 能說出項鍊上蔬菜丁的名稱。 7. 能說出自己所做的項鍊上有哪幾種蔬菜。 8. 能互相欣賞項鍊。				

評量結果：4 代表達成該項目標 75%以上，3 代表達成該項目標 50%～75%，
　　　　　　2 代表達成該項目標 25%～50%，1 代表未達成該項目標 25%。

學習目標：共 8 項，通過項目（指評量較好或很好）共＿＿項。

針對特殊幼兒所做的調整：可視幼兒能力要求不同數目的項鍊。

延伸活動：將做好的項鍊展示在角落。

自己動手做衣服

學習經驗：分類、主動學習、說、經驗及表達想法。

材料：色紙、壁報紙、膠水、魔術貼、裝色紙的容器（3 個）。

教學內容	學習目標	評量結果			
		不會 1	尚可 2	較好 3	很好 4
1. 準備紅、綠、黃、橙、藍、紫六色的色紙，問幼兒是否還記得顏色。 2. 接著發給每人各一張圓、方、三角形狀的色紙，教導形狀的認識。 3. 老師拿起不同顏色的色紙 3 張，問幼兒是什麼顏色？什麼形狀？ 4. 在問過幼兒色紙形狀後，便發給幼兒一張長條狀的壁報紙。 5. 老師拿出 3 個分別裝著圓、方、三角形色紙的容器，發給每位幼兒每人一瓶膠水，指導他們將不同形狀的色紙黏在壁報紙上。 6. 當幼兒表示已經完成時，老師可將魔術貼分別黏在壁報紙的兩角，一正一反，如此幼兒便可把紙衣穿在身上，以魔術貼固定，便是一件五顏六色的漂亮衣裳了。	1. 能專心聽老師說話。 2. 能安靜看及等候老師發色紙。 3. 能正確說出色紙顏色。 4. 能正確說出色紙形狀。 5. 能將膠水擠壓出來在色紙上。 6. 能將色紙貼在壁報紙上。 7. 能將紙衣穿在身上。				

評量結果：4 代表達成該項目標 75%以上，3 代表達成該項目標 50%～75%，2 代表達成該項目標 25%～50%，1 代表未達成該項目標 25%。

學習目標：共 7 項，通過項目（指評量較好或很好）共＿＿＿項。

針對特殊幼兒所做的調整：可視幼兒能力要求不同數目的衣服。

延伸活動：1. 可再做帽子、面具等來搭配。

2. 認識形狀後，也可以形狀設計圖案，讓幼兒以色紙拼貼。

小小裁縫師

學習經驗：分類、主動學習、經驗及表達想法。

材料：蒙特梭利教具觸覺板、各類紙質、各類布料、放大鏡。

教學內容	學習目標	評量結果			
		不會 1	尚可 2	較好 3	很好 4
1. 老師以氣候變化及每個人身上穿的布料質地上的不同，讓幼兒觸摸感覺其他的衣服，來引起動機。 2. 請幼兒說出摸到不同衣服的感覺，區分哪些衣服摸起來是舒服的，哪些衣服摸起來不舒服（可拿放大鏡觀看其紋路）。 3. 老師介紹觸覺板，請幼兒區分哪一塊板觸摸起來粗粗的，哪一塊板觸摸起來細細的，請幼兒將同性質的板分類放在一起。 4. 利用放大鏡觀察蒐集到的布料，請幼兒觸摸感覺再分類（可依顏色、質感……等）。 5. 紙張的觸摸：老師利用色紙、衛生紙請幼兒發表何者粗、何者細；再利用皺紋紙和厚紙讓幼兒分辨平滑和不平滑（質感）。 6. 將色紙、衛生紙、皺紋紙、厚紙放在一起，請幼兒4個一起辨別、觸摸。 7. 利用各類紙質、布料，讓幼兒剪貼集體創作一件漂亮的衣物。	1. 能觸摸感覺其他幼兒的衣物。 2. 能說出摸到的感覺何者舒服、何者不舒服。 3. 能主動操作觸覺板。（觸摸感受） 4. 能區分2塊觸覺板的感覺。 5. 能利用放大鏡觀察各類材料的紋路，並分類。 6. 能將觸摸到的感受說出。 7. 能利用各類紙質、布料與同儕集體創作一件漂亮的衣物。				

評量結果：4 代表達成該項目標 75%以上，3 代表達成該項目標 50%～75%，
　　　　　2 代表達成該項目標 25%～50%，1 代表未達成該項目標 25%。

學習目標：共 7 項，通過項目（指評量較好或很好）共＿＿項。

針對特殊幼兒所做的調整：只需觸摸不需分類。

延伸活動：讓幼兒剪貼集體創作其他衣物。

學習經驗：分類、主動學習、說、經驗及表達想法。

材料：手提紙盒、剪刀、美工刀、色紙、膠水、膠帶、紙盒屋成品。

教學內容	學習目標	評量結果			
		不會 1	尚可 2	較好 3	很好 4
展示紙盒屋，介紹紙盒可做成美麗的作品，示範組合好的紙盒（摺的動作），用刀切割開出門窗，剪刀剪色紙裝飾紙盒屋，例如：圖案、動物或其他，用膠水或膠帶黏貼。讓幼兒使用手提紙盒製作紙盒屋。	1. 能將紙盒組合，摺出手提式（已有摺痕）。 2. 會運用美工刀切割紙盒。 3. 能用剪刀剪色紙。 4. 會使用膠水及膠帶黏貼圖案。 5. 能自己設計紙盒屋： 　(1)有門窗。 　(2)是樓房或平房。 　(3)有前、後門。 　(4)有裝飾。				

評量結果：4 代表達成該項目標 75%以上，3 代表達成該項目標 50%～75%，
　　　　　　2 代表達成該項目標 25%～50%，1 代表未達成該項目標 25%。

學習目標：共 5 項，通過項目（指評量較好或很好）共＿＿＿項。

針對特殊幼兒所做的調整：可視幼兒能力，調整紙盒硬度。

延伸活動：「吸管造型」（請見下一個活動）。

吸管造型

學習經驗：分類、主動學習、說、經驗及表達想法。

材料：圖畫紙（繪有彩色臉譜圖案）、各種顏色的吸管、白膠。

教學內容	學習目標	評量結果			
		不會 1	尚可 2	較好 3	很好 4
1. 引起動機：老師先示範展示已完成之作品，並問幼兒一些問題，讓他們了解吸管除了可以吸取液體、飲料外，並可用以拼湊成一有趣之作品。 2. 發材料給每位幼兒。 3. 準備就緒後，先讓幼兒指出臉譜上的各個五官，再由老師指導幼兒，依臉譜圖案將吸管隨圖案加以曲折或平貼，黏貼於臉譜圖畫紙上。 4. 完成作品之後，由每位幼兒展示自己的作品，大家共同欣賞，老師亦應適時適切地給予正面的鼓勵，藉以培養幼兒的信心與能欣賞及讚揚他人的良好風範。	1. 能說出材料的名稱。 2. 能說出材料的功能。 3. 能用手指出自己的五官。 4. 能找出與臉譜上顏色相同的吸管。 5. 能用白膠將吸管黏在臉譜之五官上。 6. 黏吸管時能填滿空間，且不超出範圍。 7. 能展示作品。 8. 能欣賞別人的作品。				

評量結果：4 代表達成該項目標 75%以上，3 代表達成該項目標 50%～75%，
2 代表達成該項目標 25%～50%，1 代表未達成該項目標 25%。

學習目標：共 8 項，通過項目（指評量較好或很好）共＿＿＿項。

針對特殊幼兒所做的調整：能說出吸管。

延伸活動：將作品展示在角落。

剪紙影

學習經驗： 分類、主動學習、說、經驗及表達想法。

材料： 動物模型、影子圖卡、剪刀、膠帶、竹棒。

教學內容	學習目標	評量結果			
		不會 1	尚可 2	較好 3	很好 4
展示動物模型，做出手影，借動作聲音與幼兒進行猜謎語配對，讓幼兒猜出手影代表哪一種動物。依個人喜好選擇動物圖形做紙影戲，示範剪貼製作紙影戲，做創意遊戲。	1. 能說出手影代表的動物。 2. 會自行決定動物圖形。 3. 能剪出紙影形狀。 4. 能用膠帶將竹棒固定在紙影上。 5. 能用紙影戲，做創意表演： 　⑴演紙影戲。 　⑵當面具。 　⑶當玩偶。 6. 能夠在提醒時善後收拾。				

評量結果： 4 代表達成該項目標 75%以上，3 代表達成該項目標 50%～75%，
　　　　　　2 代表達成該項目標 25%～50%，1 代表未達成該項目標 25%。

學習目標： 共 6 項，通過項目（指評量較好或很好）共＿＿＿項。

針對特殊幼兒所做的調整： 能說出動物圖卡名稱，依指令剪 2 個紙影。

延伸活動： 將作品帶至大團體與其他各組分享。

掌中乾坤

學習經驗：數、分類、主動學習、說、經驗及表達想法。

材料：圖畫紙、色紙、印泥、彩色筆、膠水、原子筆蓋。

教學內容	學習目標	評量結果			
		不會 1	尚可 2	較好 3	很好 4
1. 發給每位幼兒一張圖畫紙和一枝彩色筆，要幼兒在圖畫紙上描出自己的手掌形（兩手都要）。 2. 接著指導幼兒將色紙撕成小片，黏貼在手掌形上。 3. 另一隻手掌形，則以原子筆蓋或手指或拳頭沾印泥，將手掌內蓋滿顏色。 4. 幼兒完成作品後，可以請他們彼此分享。	1. 要幼兒數數看自己有幾隻手指。 2. 能描出左手的掌形。 3. 能描出右手的掌形。 4. 能將色紙撕成一小張一小張。 5. 會將自己的色紙和其他幼兒換不同顏色的色紙。 6. 能將色紙以膠水黏貼於手掌形內。 7. 會以手指按印泥，再蓋在手掌形中。 8. 會以不同的手指部位或拳頭去按印泥。				

評量結果：4 代表達成該項目標 75%以上，3 代表達成該項目標 50%～75%，2 代表達成該項目標 25%～50%，1 代表未達成該項目標 25%。

學習目標：共 8 項，通過項目（指評量較好或很好）共＿＿項。

針對特殊幼兒所做的調整：能在範圍內貼色紙。

延伸活動：將作品帶至大團體與其他各組分享。

學習經驗：分類、主動學習、說、經驗及表達想法。

材料：麵包、麵粉、油、鹽、水。

教學內容	學習目標	評量結果			
		不會 1	尚可 2	較好 3	很好 4
1. 展示麵包，請幼兒觀察材料，並透過觸摸麵粉及麵糰，說出其不同之處（麵粉為粉狀、麵糰為一糰），同時請幼兒發表麵粉的功用（做蛋糕、麵包）。 2. 請幼兒親自操作將麵粉加水、油、鹽，攪和成麵糰。 3. 請幼兒將麵糰搓揉後，捏出自己喜歡的造形（也可用拓印）。	1. 能在觀察材料及透過直接經驗後說出麵粉和麵糰的不同。 2. 能說出麵粉的功用。 3. 能將麵粉加水、油、鹽。 4. 能將麵糰搓揉。 5. 能將麵糰捏出造形。 6. 能和其他幼兒分享自己的作品。				

評量結果：4 代表達成該項目標 75%以上，3 代表達成該項目標 50%～75%，2 代表達成該項目標 25%～50%，1 代表未達成該項目標 25%。

學習目標：共 6 項，通過項目（指評量較好或很好）共＿＿項。

針對特殊幼兒所做的調整：能說出麵包。

延伸活動：展示或使用陶土捏出其他喜歡的造形。

紙笛子製作

學習經驗：分類、主動學習、說、經驗及表達想法、科學。

材料：空牛奶玻璃瓶、水（一碗公）、竹筷、描圖紙、吸管、鉛筆、膠台、厚紙板。

教學內容	學習目標	評量結果			
		不會 1	尚可 2	較好 3	很好 4
1. 以玻璃瓶加水的多少，讓幼兒實驗水量與聲音高低的關係。 2. 讓幼兒敲出、吹出不同的聲音。 3. 教幼兒製作紙笛子。 4. 做好後讓幼兒吹紙笛子。	1. 能使用竹筷敲打裝了水的玻璃瓶。 2. 能靠著玻璃瓶口吹出聲音。 3. 能從上述 2 項操作中發現玻璃瓶內水的多寡影響了聲音的高低。 4. 能將厚紙板捲成圓筒狀並用膠帶貼住。 5. 能將描圖紙貼在兩端圓筒口上。 6. 能用鉛筆在圓筒上刺洞。 7. 能將吸管插入圓筒口上之描圖紙。 8. 能吹紙笛子，看看能否發出聲音。				

評量結果：4 代表達成該項目標 75%以上，3 代表達成該項目標 50%～75%，2 代表達成該項目標 25%～50%，1 代表未達成該項目標 25%。

學習目標：共 8 項，通過項目（指評量較好或很好）共＿＿＿項。

針對特殊幼兒所做的調整：能敲玻璃瓶。

延伸活動：將紙笛子著色。

六、社會及情緒領域活動

此部分的活動是為了檢核及增進幼兒社會及情緒能力所設計的課程，藉著這些活動，培養他們與他人相處和領導他人做事的能力。

此部分的每項活動都劃分為四個技巧，每個技巧對社會及情緒能力的發展都非常的重要，這樣的劃分有利於教師在活動進行時檢核幼兒的表現。有些幼兒在這些技巧的某些方面，會有很出色的表現，但是從另一方面來說，也有些幼兒會在某些技巧上感到吃力或是缺乏興趣，而需要額外的幫助或鼓勵。

在社會及情緒領域開頭的三項活動進行後，教師會很清楚幼兒較強或較弱的技巧是在哪一方面，根據這些結果，即使技巧較弱，教師也可以擬定一套發展計畫（透過 IEP 會議或自行設計），經由修正活動以及日常的生活教學，以提供該幼兒最適合的社會及情緒能力訓練。

當教師仔細觀察時，自然能發現幼兒表現出社會及情緒的四個技巧，分別為：

1. 自信：對自己評價高，並對自己的優點和缺點都很了解。
2. 組織能力：能完成既定的計畫，並且投入其中。
3. 敏感度：對他人（如其他幼兒、成人、動物等）表現出照顧和關懷的態度。
4. 說服力：能影響他人，能吸引他人的興趣及參與。

社會及情緒的學習經驗如下：

1. 經驗及表達想法。
2. 主動學習。
3. 和他人談及或分享自己的經驗（說 1）。
4. 表達自己的需求、喜好、感覺（說 3）。

下列活動能提供幼兒練習社會及情緒技巧的機會，並對這些技巧感到有信心。具有社會及情緒技巧亦可使幼兒在其他方面表現優異，他們的生活經驗將能表現的更成功，因為他們和他人有較好的人際關係，面臨挑戰和危險時也有較大的信心。

生氣是不好的

學習經驗：主動學習、聽及理解、說、經驗及表達想法、社會學習。
材料：兩個布偶（一男一女）。

教學內容	學習目標	評量結果 不會 1	尚可 2	較好 3	很好 4
1. 讓幼兒圍個圓圈開始說故事：「從前有一對兄妹叫小明和小英」（拿起男布偶叫小明，女布偶叫小英）。又說：「小明和小英大部分時間都一起玩遊戲，但是有時候會發生下面這種情形」（用布偶來表演下述的情節）。小明說：「那是我的玩具！」小英說：「不對，是我的，那是我先拿到的！」小明說：「討厭！把玩具還我！」小英說：「不要！是我的！看！你弄破了！」讓幼兒討論上述的情境，問幼兒：「小明除了和妹妹搶玩具外，應如何處理這件事？小英那樣做對不對？」 2. 繼續以小明和小英做例子，這時小明剛剛用積木堆了一個高塔。小明說：「小英，小心點！不要碰到我的……，啊！不要！妳撞倒我的高塔了！好！我要把妳摔倒！打倒！」小英說：「啊！你打我！」讓幼兒也討論這個情境。問幼兒：「是否有想到讓小明	1. 能聆聽老師說故事。 2. 能回答如何處理吵架的情況。 3. 能說出讓小明和小英兩人一起玩的方法。 4. 能用布偶表演搶玩具的情境。 5. 能說出在學校角落玩時，是否有發生吵架的情形。 6. 能說出面臨這些問題時應如何處理。 7. 能選定表演的情境。 8. 能說出每個人扮演的角色。 9. 能和其他幼兒一起表演並討論。 10. 能表演兩次：第一次表演錯誤的問題解決方法，第二次演出正確的問題解決方法。 11. 表演完後，能說出是否和看表演前的感受不同。				

教學內容	學習目標	評量結果			
		不會 1	尚可 2	較好 3	很好 4
和小英兩人能一起玩的方法呢？打人是否有助於問題的解決？」 3. 讓兩位幼兒一起各拿一個布偶來表演上述的情境，表演結束後再演另一個情境，然後給其他幼兒有機會用布偶去表演上述的一個情境。 4. 鼓勵幼兒想想，在學校時是否有類似的情境發生，給幼兒時間討論當面臨這些問題時應如何處理。告訴他們等會兒他們將有機會做情境表演，但需記住，大家一起表演的時候，先選定要表演的情境、每個人要扮演的工作等等。告訴幼兒：「你們要表演兩次，第一次表演錯誤的問題解決方法，第二次演出正確的問題解決方法。」將幼兒兩兩配對，然後給他們時間討論，並提供他們需要的幫助。 5. 讓幼兒用布偶開始表演，等表演完後，再請他們發表一下感想，是否和看表演前的感受不同。					

評量結果：4 代表達成該項目標 75%以上，3 代表達成該項目標 50%～75%，
　　　　　2 代表達成該項目標 25%～50%，1 代表未達成該項目標 25%。

學習目標：共 11 項，通過項目（指評量較好或很好）共＿＿＿項。

針對特殊幼兒所做的調整：能玩布偶。

延伸活動：用其他情境扮演。

七、大動作領域活動

　　此部分的活動是為了檢核及增進幼兒大動作能力所設計的課程，藉著這些活動，培養他們的大動作技巧。

　　此部分的每項活動都劃分為四個技巧，每個技巧對大動作能力的發展都非常的重要，這樣的劃分有利於教師在活動進行時檢核幼兒的表現。有些幼兒在這些技巧的某些方面，會有很出色的表現，但是從另一方面來說，也有些幼兒會在某些技巧上感到吃力或是缺乏興趣，而需要額外的幫助或鼓勵。

　　在大動作領域開頭的二項活動後，教師會很清楚幼兒較強或較弱的技巧是在哪一方面，根據這些結果，可以修改其餘的活動以及日常的生活教學，以提供該幼兒最適合的大動作能力訓練。

　　大動作能力四個技巧的劃分方式如下：

1. 協調性：在進行各種體能活動時，具平衡感、節奏感，以及控制的能力；在大動作的活動上，對於規則性或移動性的目標，其手臂與腳的動作能配合的很好。

2. 堅持度：具備充分的體力和耐力去做各種不同的活動，並且能持續不同的時間長度。

3. 富於表現：在做各種動作時，有很豐富的想像力和創造力。

4. 敏捷：在進行體能活動時，動作輕快靈活，有彈性。

　　這部分的活動是以有趣的方式，讓幼兒有機會加強大動作的技巧，這對於動作能力的提升有所幫助。知動能力對於幼兒有各方面的益處，它可以運用在好幾種不同的職業上，也可以做創造性或娛樂性的活動，對於日常生活中需要力氣和協調性的工作也很有用處。當教師幫助幼兒對自己的體能有信心時，同時也幫助幼兒建立了穩固而健康的自我概念。

學習經驗：主動學習、聽及理解、經驗及表達想法、社會學習。
材料：大椅子、空間、膠帶。

教學內容	學習目標	評量結果			
		不會 1	尚可 2	較好 3	很好 4
1. 告訴幼兒：「今天我們假裝要去非洲森林探險。我們要走過很大的森林。我們不是去打獵，只是要看看森林裡新奇、有趣的東西。」 2. 告訴幼兒：「老師是導遊，現在開始森林之旅，路很窄，所以你們只能排成一行。你們要注意危險的地方，周圍有好多的樹擋住我們，所以無法看得很遠。」 3. 在教室裡穿梭，走到「一塊」大石頭前面停下來。「我聽到森林裡有聲音，是不是獅子呢？哇！趕快跨過這些大石頭，要小心喔！」告訴幼兒小心地跨過一顆顆的石頭。 4. 「哇！我想現在安全了，希望不會吵到其他的動物，現在我們朝這邊走。」讓幼兒沿著地上的膠帶走，引導他們走到椅子前面：「哇！不得了！前面有一個懸崖，我們必須找地方下去。我們不能回頭走，因為那隻獅子還在。這裡比較矮，我們從這走下去。」讓幼兒爬上椅子，然後跳下去。	1. 能聆聽老師說故事。 2. 能跨過石頭。 3. 能爬上椅子然後跳下來。 4. 能墊著腳尖走路。 5. 能以默劇的方式將故事的過程依序再重複一次。				

教學內容	學習目標	評量結果			
		不會 1	尚可 2	較好 3	很好 4
5.「糟糕！我們跳進了一群在睡覺的大象當中，我們必須趕快跑，但是要很安靜、很小聲。大家用腳尖來跑，不要把大象吵醒了。」如果空間不夠，可讓幼兒在原地走。 6.「哇！好累喔！讓我們在這兒搭帳篷睡覺吧！」讓幼兒圍著「圓圈」坐著。當幼兒都坐好安靜下來後，說：「今天我們的探險好好玩！現在誰可以用表演的方式把故事再演一遍，不可以用嘴巴說，用身體的動作來表示。」讓每一位幼兒都有機會表演，並給予鼓勵，必要時給予一些提示。					

評量結果： 4 代表達成該項目標 75%以上，3 代表達成該項目標 50%～75%，
2 代表達成該項目標 25%～50%，1 代表未達成該項目標 25%。

學習目標： 共 5 項，通過項目（指評量較好或很好）共＿＿＿項。

針對特殊幼兒所做的調整： 降低動作難度或由普通幼兒協助特殊幼兒進行。

延伸活動： 「跟隨腳印」（請見下一個活動）。

學習經驗：主動學習、聽及理解、社會學習。
材料：紅色及綠色的圖畫紙、膠帶、蠟筆和剪刀。

教學內容	學習目標	評量結果			
		不會 1	尚可 2	較好 3	很好 4
1. 讓幼兒圍成圓圈坐，問幼兒：「你們在什麼地方看過腳印呢？」鼓勵幼兒去思考，例如：當鞋子踩到泥巴時、腳濕濕的踩在地板上時，或走在沙堆時會看到腳印。 2. 告訴幼兒：「今天我們要用圖畫紙來做腳印。」讓一位幼兒做示範，把右腳放在綠色的圖畫紙上，用蠟筆把腳的輪廓描出來，然後給每一位幼兒一張綠色圖畫紙，找一位同伴彼此幫忙把腳印描出來。然後用紅色的圖畫紙描出左腳，再請每一個人將自己的腳印剪下來。 3. 將剪下來的腳印貼在地板上貼成 S 型，注意：要配合移動時腳印的位置，一腳前一腳後的貼。 4. 在每一位幼兒的右腳上貼一塊綠色的紙，左腳上貼一塊紅色的紙，以幫助幼兒辨認左右腳，告訴幼兒：「綠色的腳印是給右腳踏的，紅色的腳印是給左腳踏的。」讓幼兒踏著腳印走完全程，提醒幼兒慢慢的走，讓腳完全	1. 能描出腳的形狀並將之剪下。 2. 能跟著腳印圖往前走。 3. 能跟著腳印圖倒退走。 4. 能用不同輕重及速度隨著腳印圖移動。 5. 能以跳的方式完成整個腳印之路線。				

教學內容	學習目標	評量結果			
		不會 1	尚可 2	較好 3	很好 4
踩在腳印上。第二次則讓幼兒倒退著走。 5. 讓幼兒用不同的方式走，例如：像小白兔輕輕地跳在腳印上，像大象重重地踏在腳印上，或使用不同的速度來走。 6. 把腳印重新排列，一對一對排列，中間間隔一雙腳印寬，讓幼兒跳過去。					

評量結果：4 代表達成該項目標 75%以上，3 代表達成該項目標 50%～75%，
2 代表達成該項目標 25%～50%，1 代表未達成該項目標 25%。

學習目標：共 5 項，通過項目（指評量較好或很好）共＿＿＿項。

針對特殊幼兒所做的調整：能跟隨腳印。

延伸活動：跟隨數字跳格子。

馬戲團

學習經驗：時間、主動學習、聽及理解、說、經驗及表達想法、社會學習。

材料：繩子（12 尺長）、2 張椅子、1 顆球。

教學內容	學習目標	評量結果			
		不會 1	尚可 2	較好 3	很好 4
1. 問幼兒：「有多少人知道馬戲團是什麼？」鼓勵幼兒發表經驗，並討論馬戲團中不同的表演角色，包括人和動物。 2.「現在假裝我們是一個馬戲團，每一個人都是表演的人。第一個表演是走鋼索。」把繩子在地上拉直，讓幼兒用膝蓋來走。先示範幾個動作，讓幼兒跟著做，雙膝跪地、雙手著地來走，一手著地、一手伸直，一腳著地、一腳伸直，並保持平衡。讓幼兒保持這個姿勢幾秒鐘，像幼兒解釋這在馬戲團裡是很危險的動作。 3. 將一條線綁在兩張椅子上，線距離地面數尺高。「現在假裝我們要走過火堆，這條線是火焰，每個人要穿過火焰，動作要很快，不然會被火燒到。」告訴幼兒有許多方法能從線下穿過，例如：用跳的過去、彎著背爬過去、用爬的方式過去，解釋穿過火焰的人是很勇敢而且膽子大。	1. 能說出馬戲團有哪些人及動物。 2. 能保持穩定姿勢 5～10 秒鐘。 3. 能以各種不同的方式在線下快速移動。 4. 能跪著接住 1 顆球。 5. 能模仿馬戲團裡的表演者。				

教學內容	學習目標	評量結果			
		不會 1	尚可 2	較好 3	很好 4
4. 假裝學海獺，讓幼兒跪著坐在圈圈中。「我會把球丟給每一個小朋友，接到球的人再投給另一隻海獺。」讓幼兒先練習投球、接球，再開始。 5. 讓幼兒假裝馬戲團裡的表演者，其他人來猜是什麼？					

評量結果：4 代表達成該項目標 75%以上，3 代表達成該項目標 50%～75%，
　　　　　2 代表達成該項目標 25%～50%，1 代表未達成該項目標 25%。

學習目標：共 5 項，通過項目（指評量較好或很好）共＿＿＿項。

針對特殊幼兒所做的調整：讓幼兒協助拉繩子。

延伸活動：「體操手」（請見下一個活動）。

體操手

學習經驗：時間、主動學習、聽及理解、說、經驗及表達想法、社會學習。

材料：碼錶、筆、膠帶（事先在地上貼好 Z 字型）。

教學內容	學習目標	評量結果			
		不會 1	尚可 2	較好 3	很好 4
1.「今天假裝我們每一個人都是體操手，要做一些體操表演。你們知道體操手是什麼嗎？」和幼兒討論體操手是怎樣的人，會做些什麼事？告訴幼兒體操是一種運動，體操手會做一些特別的動作，例如：翻筋斗、倒立、翻滾等。有時他們會使用一些特別的器材，例如：單槓等。體操手需要很強壯、敏捷，敏捷的意思就是要移動得很快，他們是經過好多年的訓練，使自己能表現得很好。 2. 開始跑步。「首先，我們要很敏捷地沿著 Z 字型來跑，老師會幫每個人記錄下所花的時間，並比較跑第二次時，是否比第一次快一些。」老師先示範一次，然後給予每位幼兒二次機會，每次都要記下時間，比較時間的不同，記得給予幼兒適當的鼓勵。 3.「體操手必須能維持好的平衡。你們知道什麼是平衡嗎？」給幼兒時間發表意見。「我們可以用一腳站著來練習平衡感，我們來做	1. 能跟著彎彎曲曲的線跑步。 2. 能用右腳單腳站立至少 8 秒鐘。 3. 能用左腳單腳站立至少 8 秒鐘。 4. 能原地跑步一段時間。 5. 能隨著音樂做動作。				

教學內容	學習目標	評量結果			
		不會 1	尚可 2	較好 3	很好 4
二次。第一次用右腳站，第二次用左腳站，老師會幫你們記錄時間，看第二次有沒有比第一次站得久。」 4.「體操手和運動員用很多方法（例如：跑步）來使身體更強壯，增加腿力和肺活量，我們用原地跑步的方式假裝是在外面跑步。」老師先做原地跑步的示範。 5.「另一件體操手常做的練習是『地板動作』，不需其他特別的道具。地板動作通常是配合著音樂做出很優美的動作。其中包括翻筋斗、打滾、倒立等。」讓一部分幼兒創造地板動作，一部分幼兒學習當觀眾。如果可能，配合音樂做。 結束					

評量結果： 4 代表達成該項目標 75% 以上，3 代表達成該項目標 50%～75%，2 代表達成該項目標 25%～50%，1 代表未達成該項目標 25%。

學習目標： 共 5 項，通過項目（指評量較好或很好）共＿＿項。

針對特殊幼兒所做的調整： 能跑步。

延伸活動：「障礙賽」（請見下一個活動）。

學習經驗：空間、主動學習、聽及理解、經驗及表達想法、社會學習。

材料：一根球棒、一顆球、黃色膠帶、一些障礙物（活動之前在地上貼好彎曲的線條，放些障礙物，例如：積木、空罐子、椅子）、紙、筆、碼錶。

教學內容	學習目標	評量結果			
		不會 1	尚可 2	較好 3	很好 4
1.「今天我們要玩障礙賽的遊戲。」向幼兒解釋什麼是障礙賽，以及如何沿著預定的標示走。「首先我們要看小朋友走完障礙賽路線需多久的時間。」老師幫每一位幼兒做記錄，每人走二次，比較是否有進步。 2. 讓幼兒以球棒拍打球的方式沿著路線走。事後與幼兒討論如此進行容易嗎？ 3. 讓幼兒構思。努力的想，幼兒或許會以倒退走、用腳尖走、學鴨子走等方式進行。 4. 選出幼兒剛剛示範的方式中最需耐心與體力的動作。告訴幼兒：「每一個人都很有想像力。我想小明的走法需要多好多的力氣。現在看看我們是否能學他那樣做一遍呢？」	1. 能快速地走完路線。 2. 能用球棒拍打球的方式沿著路線走。 3. 能以不同的方式完成路線。 4. 能模仿他人的方式完成路線。				

評量結果：4 代表達成該項目標 75%以上，3 代表達成該項目標 50%～75%，2 代表達成該項目標 25%～50%，1 代表未達成該項目標 25%。

學習目標：共 4 項，通過項目（指評量較好或很好）共＿＿＿項。

針對特殊幼兒所做的調整：視幼兒能力給予障礙物。

延伸活動：「穿過森林」（請見下一個活動）。

學習經驗：數、主動學習、聽及理解、說、經驗及表達想法、社會學習。

材料：小塊地毯。

教學內容	學習目標	評量結果			
		不會 1	尚可 2	較好 3	很好 4
1. 說一個故事：「從前，有幾個兄弟，年紀和你們差不多一樣大。有一天他們決定去看外婆，外婆住在森林的另一邊。每次去外婆家的路上都很開心，因為他們不知道會看到什麼新奇的東西。他們記得上一次去外婆家時，看到一群很奇怪的鴨子，這些鴨子喜歡吃人們給牠們的食物，但是牠們只吃牠們喜歡的食物——花生，所以這一次他們決定帶花生去。」 2. 帶著幼兒想像現在正在走去外婆家的路上，走啊走啊，走到「池塘」旁邊，告訴幼兒：「這些鴨子都很害羞，所以不能太靠近。現在看看你們能不能很準確地丟花生給鴨子吃呢？」告訴幼兒一次只能丟一顆花生，每次瞄準特定的鴨子再丟。 3. 每位幼兒走過數次之後，帶他們走到一小塊地毯的地方，說：「哇，你們看這兒有一個陷阱，我們不能踏上去。必須要跳過去，我們先向後退幾步，然後用跑的，跑到陷阱前面時用力地跳過	1. 能聆聽老師說故事。 2. 能很準確地丟花生給鴨子吃。 3. 能跑到陷阱前面時用力地跳過去。 4. 能走過橋。 5. 能說出回程可能遇到的事及如何解決。				

教學內容	學習目標	評量結果			
		不會 1	尚可 2	較好 3	很好 4
去。老師先示範。」 4. 帶幼兒到地上貼上兩條平行線的地方，告訴他們：「在我們前面有一座很長的橋喔！我看河裡有鱷魚呢！我們必須很小心地走過去才不會被鱷魚咬到。」讓幼兒有充裕的時間走過長橋，然後帶全部幼兒來到「房子」前面說：「我們終於到達外婆家了！真是一次有趣的旅行啊！」 5. 告訴幼兒：「我們現在該回家了，為了讓我們的旅行更有趣。讓我們來想一想回家的路上可能會發生什麼不同的事呢？」鼓勵幼兒運用想像力，構思可能遇到的動物及障礙，以及如何走過障礙等，例如：橋倒了怎麼辦？					

評量結果：4 代表達成該項目標 75%以上，3 代表達成該項目標 50%～75%，
2 代表達成該項目標 25%～50%，1 代表未達成該項目標 25%。

學習目標：共 5 項，通過項目（指評量較好或很好）共＿＿項。

針對特殊幼兒所做的調整：能跟著做動作。

延伸活動：帶幼兒到公園或樹木較多的地方走。

學習經驗：主動學習、聽及理解、照顧自己的需要、社會學習。

材料：球、中等速度及快節奏的音樂。

教學內容	學習目標	評量結果			
		不會 1	尚可 2	較好 3	很好 4
1. 發給幼兒每人一顆球，問：「小朋友有沒有玩過球，會不會丟球和接球？」 2. 告訴幼兒：「現在我們要放音樂，請你們注意聽音樂，手跟著音樂移動，你們可以丟球、接球、踢球、拍球或丟給別人，或以你們可以想到的方式來進行。」放中等速度的音樂，鼓勵幼兒隨著音樂移動。 3. 告訴幼兒：「我現在要你們拿著球做幾個不同的動作，而且速度要很快，要仔細地聽。」給幼兒一連串不同的指令，而且經常更換，例如：用手在空氣中彈球→用腳去踢球→邊走邊用頭頂球→走回原位維持用頭頂球→在原位停止，但繼續用手拍球。 4. 播放快節奏的音樂，繼續給幼兒不同的指令，將速度加快些，觀察幼兒是否能輕鬆的跟著指令做動作，而不會覺得緊張。	1. 能回答有沒有玩過球。 2. 能在空中丟擲球並接住它。 3. 能一面隨著音樂舞動，一面用球做出動作。 4. 能隨著指令改變動作。 5. 當音樂加快時，能聽從指令改變動作。				

評量結果：4 代表達成該項目標 75%以上，3 代表達成該項目標 50%～75%，
2 代表達成該項目標 25%～50%，1 代表未達成該項目標 25%。

學習目標：共 5 項，通過項目（指評量較好或很好）共＿＿＿項。

針對特殊幼兒所做的調整：減少動作項目。

延伸活動：「跑跑跳跳」（請見下一個活動）。

學習經驗：主動學習、聽及理解、社會學習。

材料：繪本《母雞蘿絲去散步》（上誼）、皺紋紙條、木魚、鈴鼓。

教學內容	學習目標	評量結果			
		不會1	尚可2	較好3	很好4
1. 以故事《母雞蘿絲去散步》引起動機，讓幼兒對肢體活動有興趣。 2. 模擬故事情境中主角跑跳的動作，並配合音樂節奏做跑跳的活動。 3. 發給幼兒每人一條皺紋紙當成紙帶，一起玩追逐彩虹的遊戲，做為結束之活動。 4. 幼兒在追逐遊戲中要特別注意安全，不要撞到別人。	1. 能專心聆聽故事內容。 2. 能做母雞散步的模擬想像動作（或故事中的其他人物）。 3. 能配合節奏跑跳。 4. 能帶著彩帶玩追逐遊戲。 5. 能和其他幼兒一起玩。				

評量結果：4 代表達成該項目標 75%以上，3 代表達成該項目標 50%～75%，
　　　　　　2 代表達成該項目標 25%～50%，1 代表未達成該項目標 25%。

學習目標：共 5 項，通過項目（指評量較好或很好）共＿＿項。

針對特殊幼兒所做的調整：能跑跳。

延伸活動：「鑽爬」（請見下一個活動）。

學習經驗：空間、主動學習、聽及理解、說、經驗及表達想法、社會學習。

材料：彩色筆、紙。

教學內容	學習目標	評量結果			
		不會 1	尚可 2	較好 3	很好 4
1. 問幼兒的腳長在什麼地方呢？（請幼兒比出腳的位置。） 2. 請幼兒比一比看看誰的腳比較大。 3. 問幼兒哪一隻腳是右腳？請幼兒將右腳舉起來；問幼兒哪一隻腳是左腳？請幼兒將左腳舉起來。讓幼兒把腳印畫在紙上。 4. 接著請幼兒告訴老師腳是用來做什麼的？請幼兒做動作。 5. 幼兒利用可愛的小腳，來玩一個遊戲（老師開始排列障礙物）。 6. 請幼兒在開始之前先給自己一個歡呼，然後雙腳跳起來，再一次換一隻腳跳起來，才可以開始玩遊戲。 7. 請幼兒依照老師安排的障礙物先後順序完成挑戰（挑戰的內容——爬行過山洞、遇障礙物能轉彎爬行）。	1. 會說出二種以上腳的功能。 2. 會主動與他人比誰的腳比較大。 3. 會分辨左腳、右腳。 4. 能完整地把腳印畫下來。 5. 能雙腳一起跳。 6. 能單腳跳。 7. 會依安排的方向鑽爬。 8. 能雙手雙腳著地爬行。 9. 能鑽過障礙物爬行。 10. 會依安排的方向鑽爬。 11. 能知道且遵守遊戲規則。 12. 能輪流。				

評量結果：4 代表達成該項目標 75% 以上，3 代表達成該項目標 50%～75%，
　　　　　　2 代表達成該項目標 25%～50%，1 代表未達成該項目標 25%。

學習目標：共 12 項，通過項目（指評量較好或很好）共＿＿＿項。

針對特殊幼兒所做的調整：跳即可，無需鑽爬。

延伸活動：「丟銅板」（請見下一個活動）。

學習經驗：主動學習、聽及理解、說、經驗及表達想法、社會學習。
材料：動物圖片、每位幼兒一個銅板。

教學內容	學習目標	評量結果			
		不會 1	尚可 2	較好 3	很好 4
1. 將動物圖片等距分別排好在地上，讓幼兒排好隊伍，站在幾公分外的地方，發給每人一個銅板，告訴幼兒：「輪到你的時候，每個人試試看能不能把銅板丟在任何一張圖片上。」讓幼兒說出該動物的名字，給每個人有數次機會投擲，待幼兒技巧較佳時，可以把距離拉遠些。 2. 讓幼兒投擲銅板後，模仿該動物走路的樣子，老師先示範一次，被丟中的動物圖片在幼兒表演後即可拿走。 3. 讓幼兒與老師面對面站著，告訴幼兒：「老師會將動物圖片很快地輪流拿給你們看一下。」之後，請他們依序做出不同動物走路的樣子，請幼兒仔細地看。 4. 讓幼兒坐下來，說：「我們學過動物健康、強壯的走路方式，現在我們來學學牠們不同的走路方式，例如：如果牠們有一條腿受傷了，會怎麼走路？如果生病了，會怎麼走路？如果老了，會怎麼走路？」每個人都用身體	1. 能說出動物圖片的名稱。 2. 能準確的將銅板丟在圖案上。 3. 能模仿某個動物走路的動作。 4. 能依序做出不同動物走路的動作。 5. 能在老師做出動作後，說出該動物的狀況。 6. 能做出一條腿受傷時走路的樣子。 7. 能做出動物老了走路的樣子。				

教學內容	學習目標	評量結果			
		不會 1	尚可 2	較好 3	很好 4
移動的方式來表現走路的樣子，老師先示範一次，讓幼兒說出該動物的狀況。					

評量結果：4 代表達成該項目標 75%以上，3 代表達成該項目標 50%～75%，
2 代表達成該項目標 25%～50%，1 代表未達成該項目標 25%。

學習目標：共 7 項，通過項目（指評量較好或很好）共 ____ 項。

針對特殊幼兒所做的調整：能模仿動作。

延伸活動：讓幼兒模仿每個人走路的樣子。

動物圖片

學習經驗：主動學習、聽及理解、社會學習。

材料：幼兒足球運動器材組、足球球門 2 座、足球 1 個。

教學內容	學習目標	評量結果			
		不會 1	尚可 2	較好 3	很好 4
1. 介紹足球的玩法。 2. 帶幼兒到操場示範並說明足球的玩法與簡易規則：只能用腳踢、用頭頂、一個守門員，球進算一分。 3. 全班幼兒分 2 隊，幼兒自行命名隊名，展開足球大賽（一場球 10 分鐘）。	1. 能聽老師介紹足球的玩法。 2. 能依指示分成 2 隊。 3. 能為自己的隊伍命名（或服從他人的命名）。 4. 能遵守遊戲規則。 5. 能在遊戲中與同學合作。 6. 能遵守裁判的判決。 7. 能將球踢進球門。 8. 能從開始玩到結束（一場球 10 分鐘）。 9. 能在遊戲中注意自己的安全。 10. 能在遊戲中遵守規則（不推人，只用腳踢而不用手）。 11. 能在遊戲結束後靜息 5 分鐘。 12. 能在遊戲結束後分享心得。				

評量結果：4 代表達成該項目標 75%以上，3 代表達成該項目標 50%～75%，
　　　　　　2 代表達成該項目標 25%～50%，1 代表未達成該項目標 25%。

學習目標：共 12 項，通過項目（指評量較好或很好）共＿＿＿項。

針對特殊幼兒所做的調整：能說出球的名稱。

延伸活動：舉行其他球類比賽，例如：籃球或是踢球比賽。

躍動的精靈

學習經驗：主動學習、聽及理解、說。

材料：音樂、鈴鼓。

教學內容	學習目標	評量結果			
		不會 1	尚可 2	較好 3	很好 4
1. 先放一段快節奏的暖身操音樂，讓幼兒做全身的暖身運動。 2. 讓幼兒手拉手，放音樂，跳兔子舞。 3. 老師讓幼兒模仿動物走路的動作，例如：大象、兔子等，搖鈴鼓引導幼兒前進。 4. 老師說明「倫敦鐵橋」的遊戲規則，放「倫敦鐵橋」的音樂，讓幼兒遊玩。 5. 最後要幼兒圍成一個圓圈，在老師鼓勵、讚美他們之下結束。 6. 可放一段節奏性強的音樂，要求幼兒隨音樂擺動。 7. 呼拉圈運動。 8. 可陸續加入其他樂器，增加幼兒辨音的能力。	1. 能專心注視老師的動作。 2. 能聽音樂做動作。 3. 能單腳跳。 4. 能跑、不跌倒。 5. 能跟著鈴鼓快慢走路。 6. 能模仿毛毛蟲。 7. 能模仿小狗。 8. 能模仿大象。 9. 能模仿魚。 10. 能和大家手牽手。 11. 能遵守「倫敦鐵橋」的規則。 12. 能快樂的遊戲。				

評量結果：4 代表達成該項目標 75%以上，3 代表達成該項目標 50%～75%，
　　　　　　2 代表達成該項目標 25%～50%，1 代表未達成該項目標 25%。

學習目標：共 12 項，通過項目（指評量較好或很好）共＿＿＿項。

針對特殊幼兒所做的調整：對於不喜歡做動作的幼兒要事先溝通，約定若有
　　　　　　　　　　　　　動作活動，一定要慢慢做。

延伸活動：每天都可安排聽音樂、做動作的活動。

❀ 伍、幼兒活動評量與教學計畫 ❀
（小班）

　　使用幼兒活動評量與教學計畫的目的，是希望能讓教師記錄孩子在這一年來於七個領域活動的學習情形，並提供家長參考。活動具體劃分為八個領域，即認知、科學、數學、語文、精細動作、社會及情緒、大動作，每一個活動都要進行評量，教師可根據幼兒在七個領域的活動表現情形，記錄其學習目標通過的結果。在這份「幼兒活動評量表」中，第一欄是活動名稱，第二欄是該活動的學習目標內容，第三欄是評量狀況，教師可於通過（指的是評量較好或很好的部分）、未通過或未參加欄中勾選；每一個活動下方都有「學習目標通過小計／學習目標通過率」一欄，可供教師計算通過目標的數量以及通過率（即通過目標數量除以所有目標數量）。小班的幼兒活動評量表如下。

幼兒活動評量表（小班）

【認知領域】

活動 名稱	學習目標	評量狀況		
		通過	未通過	未參加
設計 嘉年 華服 服	1. 能觀賞及討論去年的耶誕節影片。			
	2. 能說出今年自己欲做出何種造型參加耶誕節活動（例如：戴上耶誕老公公帽、穿上斗蓬）。			
	3. 會使用麥克筆在投影片上構圖。			
	4. 能掌握麥克筆，不畫出投影片外。			
	5. 能說出自己在投影片所繪內容。			
	6. 老師放投影片時能指認哪一張是自己的投影片。			
	7. 能安靜觀察他人所繪之投影片。			
	學習目標通過小計／學習目標通過率：_____／_____			

活動 名稱	學習目標	評量狀況		
		通過	未通過	未參加
休閒 活動 場合	1. 能在觀察後說出圖片內容。			
	2. 能在自由發表經驗後，說出圖片中地點的功能。			
	3. 能將場合與活動配對。			
	4. 能獨立完成學習單。			
	學習目標通過小計／學習目標通過率：_____／_____			

活動名稱	學習目標	評量狀況		
		通過	未通過	未參加
空間上下裡外	1. 能正確說出動物名稱。			
	2. 能正確說出上、下、裡、外。			
	3. 能正確說出誰在上面。			
	4. 能正確說出誰在下面。			
	5. 能正確說出誰在裡面。			
	6. 能正確說出誰在外面。			
	7. 能自己將動物玩偶放到屋內、外、上、下。			
	8. 能說明自己的動物玩偶放置的位置。			
	學習目標通過小計／學習目標通過率：＿＿＿＿＿／＿＿＿＿＿			

活動名稱	學習目標	評量狀況		
		通過	未通過	未參加
高大遠近	1. 能在觀察圖片後指出遠、近。			
	2. 能操作蒙氏教具並按高、矮排列圓柱。			
	3. 能有較遠處看到物品較小、較近處看到物品較大的概念。			
	4. 能玩競走比賽比較誰走得遠、誰走得近。			
	5. 能爬樓梯。			
	6. 能說出爬到幾樓。			
	7. 能說出誰樓梯爬得比較高。			
	學習目標通過小計／學習目標通過率：＿＿＿＿＿／＿＿＿＿＿			

活動名稱	學習目標	評量狀況		
		通過	未通過	未參加
長短、高低、胖瘦、遠近	1. 能說出哪一棵樹比較高（長）。			
	2. 能說出哪一棵樹比較矮（低、短）。			
	3. 能說出哪一棵樹比較胖（寬），哪一棵樹比較瘦（窄）。			
	4. 能站在一定的位置上說出哪位幼兒距離近。			
	5. 能站在一定的位置上說出哪位幼兒距離遠。			
	6. 能站在相對的位置上說出誰距離近、誰距離遠。			
	7. 能遵守滾球遊戲的規則。			
	8. 滾球遊戲時，能說出誰的球滾得遠，誰的球滾得近。			
	9. 能操作教具並按照高→低、胖→瘦的順序排列。			
	學習目標通過小計／學習目標通過率：＿＿＿＿／＿＿＿＿			

活動名稱	學習目標	評量狀況		
		通過	未通過	未參加
高樓大廈	1. 能說出自己住家住在幾樓。			
	2. 能數一數房屋圖片上一共有幾層樓。			
	3. 能說出每一層有幾戶。			
	4. 能找到動物模型所在的樓層。			
	5. 能說出該層樓有幾隻動物模型。			
	6. 能說出老師擺放動物模型所在的位置。			
	7. 能說出 2 種動物模型的相關位置。（同層或不同層、什麼動物在樓上、什麼動物在樓下）			
	8. 能畫出有樓層的房屋。			
	學習目標通過小計／學習目標通過率：＿＿＿＿／＿＿＿＿			

活動名稱	學習目標	評量狀況		
		通過	未通過	未參加
居住環境	1. 能在觀察後說出圖片內容。			
	2. 能在回憶日常生活習慣後說出圖片中的物品功能。			
	3. 在了解物品功能後將圖片依功能分類。			
	4. 能將相關圖片配對。			
	5. 能將學習單上的關聯圖片連在一起。（吃飯—飯桌、床—睡覺、牙膏—刷牙、洗澡—香皂）			
	學習目標通過小計／學習目標通過率：　　　／			

活動名稱	學習目標	評量狀況		
		通過	未通過	未參加
街上的商店	1. 能聆聽老師說故事 3 分鐘。			
	2. 能說出自己在校門口看到什麼。			
	3. 能說出自己在 7-11 商店裡看到什麼。			
	4. 能說出故事書上的商店和他們所參觀的有何不同。			
	5. 能說出自己上學途中看到什麼商店。			
	6. 書中哪些商店在上學途中也會看到。			
	7. 能把看到的商店畫在圖畫紙上（或貼商店貼紙）。			
	學習目標通過小計／學習目標通過率：　　　／			

活動名稱	學習目標	評量狀況		
		通過	未通過	未參加
地板踩一踩	1. 能說出放假去了哪些地方。			
	2. 說出有哪些不同的地板。（二種以上）			
	3. 能比較木質地板與海綿地墊之不同。			
	4. 到教室外能聽從老師指令。			
	5. 能說出踩過哪些地方。（三種以上）			
	6. 能說出三種以上自己的感覺。			
	7. 能說出自己最喜歡踩的與最不喜歡踩的地方是哪裡。			
	學習目標通過小計／學習目標通過率：_____／_____			

活動名稱	學習目標	評量狀況		
		通過	未通過	未參加
物品分類	1. 能說出物品名稱。			
	2. 能依特性做分類。			
	3. 能說出多樣物品的共同名稱。			
	4. 能遵守遊戲規則。			
	5. 能等待。			
	6. 能使用正確單位名詞。			
	7. 能撕掉標籤紙。			
	8. 能將標籤紙貼在範圍內。			
	9. 能自己找認識的字貼在正確的物品上。			
	10. 老師依序唸字，能找出正確物品。			
	11. 能找出和老師手上一樣的字，再找出正確物品。			
	學習目標通過小計／學習目標通過率：_____／_____			

活動名稱	學習目標	評量狀況		
		通過	未通過	未參加
哪裡賣哪裡買	1. 能說出自己盤子裡的物品名稱。			
	2. 能依指示將下列物品拿起並放置指定的籃子內： (1)糖果。 (2)餅乾。 (3)麵包。 (4)蔬菜。 (5)水果。 (6)紙筆。			
	3. 能依指示嚐一嚐桌上可食的食物味道。			
	4. 能將鹹的食物放在一起。			
	5. 能說出鹹的食物名稱。			
	6. 能將甜的食物放在一起。			
	7. 能說出甜的食物名稱。			
	8. 能在小組活動後回答老師的問題： (1)麵包－麵包店。 (2)蔬果－市場。 (3)糖果、餅乾－雜貨店。 (4)衣服－服飾店。 (5)鞋子－鞋店。 (6)紙筆－文具店。			
	學習目標通過小計／學習目標通過率：＿＿＿＿／＿＿＿＿			

活動名稱	學習目標	評量狀況		
		通過	未通過	未參加
書的分類	1. 能到語文角去拿一本書。			
	2. 能大致描述自己拿的書之外觀。（封面圖案、顏色）			
	3. 能用手翻閱各式圖書。			
	4. 會將同一形式種類的書找出（找出與老師手上相同的書）。			
	5. 會將各式書做分類。			
	6. 會將自己剛才拿的書歸類至類別中。			
	學習目標通過小計／學習目標通過率：＿＿＿＿＿＿／＿＿＿＿＿＿			

活動名稱	學習目標	評量狀況		
		通過	未通過	未參加
湯圓	1. 能說出自己吃湯圓的經驗。			
	2. 能知道吃湯圓的意義（由故事內容知道）。			
	3. 能參與搓湯圓活動。			
	4. 能說出誰的湯圓較圓？誰的湯圓較多？			
	5. 能說出煮湯圓的方法。			
	6. 能說出吃了幾顆湯圓。			
	7. 能參與收拾的工作。			
	學習目標通過小計／學習目標通過率：＿＿＿＿＿＿／＿＿＿＿＿＿			

活動名稱	學習目標	評量狀況		
		通過	未通過	未參加
嚐嚐看	1. 能回答這是什麼飲料。			
	2. 能回答飲料的顏色（能和彩色筆配對）。			
	3. 能品嚐飲料。			
	4. 能說出飲料的味道。（甜、酸）			
	5. 能將眼睛蒙住品嚐飲料。			
	6. 能用味覺說出是什麼飲料。			
	7. 能說出除了用眼睛看，也可以用什麼器官來了解物體。（嘴巴、耳朵、手）			
	學習目標通過小計／學習目標通過率：＿＿＿＿／＿＿＿＿			

活動名稱	學習目標	評量狀況		
		通過	未通過	未參加
天氣圖表	1. 能發表自己在晴天、雨天所做的活動或裝備。			
	2. 能聽老師介紹書中的天氣分為哪幾類。			
	3. 能唸出老師紙上所寫的「晴、陰、大雨、小雨」文字。			
	4. 能依照紙上文字，在其下方空格畫圖。			
	5. 所畫的圖能符合上面的文字。			
	6. 能說明自己畫的意義。			
	學習目標通過小計／學習目標通過率：＿＿＿＿／＿＿＿＿			

活動名稱	學習目標	評量狀況		
		通過	未通過	未參加
多彩多姿的顏色	1. 能正確分辨三原色且說出顏色。			
	2. 能說出混合色的名稱。（橙、紫、綠）			
	3. 能以滴管吸出水溶液。			
	4. 能將水溶液滴在衛生紙上混合。			
	5. 能依老師口頭指示拿出正確的三原色色板。（紅、黃、藍）			
	6. 能依老師口頭指示拿出正確的混色色板。（橙、紫、綠）			
	9. 能在藍、黃後面貼上綠色色紙。			
	7. 能在紅、黃後面貼上橙色色紙。			
	8. 能在紅、藍後面貼上紫色色紙。			
	學習目標通過小計／學習目標通過率：_____／_____			

活動名稱	學習目標	評量狀況		
		通過	未通過	未參加
認識三原色	1. 能指出三原色。（紅、黃、藍）			
	2. 能將玻璃紙貼在眼前觀看。			
	3. 能說出看出來的顏色變化。			
	4. 能將每 2 張的玻璃紙重疊看。			
	5. 能安靜觀看老師示範。			
	6. 能指出顏色變化： (1)紅＋黃＝橙。 (2)紅＋藍＝紫。 (3)黃＋藍＝綠。			
	7. 能親自操作作品。			
	學習目標通過小計／學習目標通過率：_____／_____			

活動名稱	學習目標	評量狀況		
		通過	未通過	未參加
顏色的變化	1. 能說出彩色顏料紅、黃、藍三色名稱。			
	2. 能自己動手操作水彩調色盤，使： (1)紅＋黃→橙。 (2)黃＋藍→綠。 (3)藍＋紅→紫。			
	3. 能透過操作後說出： (1)紅＋黃變成橙色。 (2)黃＋藍變成綠色。 (3)藍＋紅變成紫色。			
	4. 能自橙、綠、紫三種顏色中加入紅、黃、藍色。			
	學習目標通過小計／學習目標通過率： ＿＿＿＿／＿＿＿＿			

活動名稱	學習目標	評量狀況		
		通過	未通過	未參加
配對顏色形狀	1. 會配對相同顏色及相同形狀的色片。			
	2. 會將色片依不同顏色分類。			
	3. 會依不同形狀分類色片。			
	4. 會依不同形狀和顏色分類色片。			
	5. 會將已裁好△、○、□的色紙在圖畫紙上組合成不同的圖案。（例如：車子、房子等）			
	學習目標通過小計／學習目標通過率： ＿＿＿＿／＿＿＿＿			

活動名稱	學習目標	評量狀況		
		通過	未通過	未參加
正方形序列	1. 能說出三色色紙的顏色名稱。			
	2. 能說出老師呈現的顏色序列結構。			
	3. 能用膠水將正方形黏在長條紙上。			
	4. 能自行排出顏色序列。			
	5. 能說出自己的序列結構。			
	6. 能再另做一條較自己原作更複雜的顏色序列。			
	7. 能將長條紙接在一起欣賞。			
	學習目標通過小計／學習目標通過率：＿＿＿＿＿／＿＿＿＿＿			

活動名稱	學習目標	評量狀況		
		通過	未通過	未參加
認識形狀	1. 能指認○、△、□積木。			
	2. 能將○、△、□圖片與積木配對。			
	3. 能將手中之實物模型和正確的形狀放在一起。			
	4. 能將圖形放入正確位置。			
	5. 能說出色紙是□。			
	6. 能模仿老師將色紙對折成◿。			
	7. 能模仿老師將色紙對折成▭。			
	8. 能將對折後的◿、▭剪下。			
	9. 能將剪下的◿、▭各自拼回□。			
	10. 能說出◿及◸可以組合成□。			
	11. 能利用剪下的圖形創作各種圖案。			
	學習目標通過小計／學習目標通過率：＿＿＿＿＿／＿＿＿＿＿			

活動名稱	學習目標	評量狀況		
		通過	未通過	未參加
形狀序列（一）	1. 會說出磁鐵顏色。			
	2. 會將同顏色的磁鐵分類。			
	3. 會用磁鐵顏色排出序列。			
	4. 會說出手中的磁鐵有哪些形狀。			
	5. 能依指示用磁鐵形狀作序列。			
	6. 能使用△、□圖卡，依自己喜好的序列排出。			
	7. 能將已排好之形狀用膠水貼在長條紙上。			
	學習目標通過小計／學習目標通過率：_____／_____			

活動名稱	學習目標	評量狀況		
		通過	未通過	未參加
形狀序列（二）	1. 能說出△、□、○。			
	2. 能說出自己衣服上有△、□、○的部位。			
	3. 能依老師指示拿出相同的形狀。			
	4. 能依老師指示拿出相同數量的形狀。			
	5. 能依指示的順序與數量，將形狀排列在長條紙上。			
	6. 能用膠水將排列的形狀色紙貼在長條紙上。			
	7. 能依照老師指定的排列順序排形狀，並用膠水黏到長條紙上。			
	8. 能將做好的皇冠戴在頭上。			
	學習目標通過小計／學習目標通過率：_____／_____			

活動名稱	學習目標	評量狀況		
		通過	未通過	未參加
形狀序列（三）	1. 能說出所看到的形狀變化。			
	2. 能比較出 2 條長條紙有什麼不同。			
	3. 能自己做出 1 條形狀長條的作品。			
	4. 能與同學分享自己的作品。			
	5. 能專心聽其他同學的分享。			
	學習目標通過小計／學習目標通過率：＿＿＿＿／＿＿＿＿			

活動名稱	學習目標	評量狀況		
		通過	未通過	未參加
形狀的變化	1. 能正確說出形狀： (1)盒子是□。 (2)茶杯蓋是○。 (3)書是▭。 (4)積木是△。			
	2. 能說出哪些東西有○、△、□、▭。			
	3. 能用刀子塗抹花生醬於不同形狀的餅乾上。			
	4. 能用各種形狀之彩豆拼成造型。			
	學習目標通過小計／學習目標通過率：＿＿＿＿／＿＿＿＿			

活動名稱	學習目標	評量狀況		
		通過	未通過	未參加
馬賽克拼貼	1. 能做形狀配對。（圓形、三角形、正方形、長方形）			
	2. 能說出形狀名稱。（圓形、三角形、正方形、長方形）			
	3. 能選擇自己喜歡的形狀。			
	4. 能描繪形狀的邊。			
	5. 能做形狀聯想。（來不及畫者可用說明）			
	6. 會利用手上物品構圖。			
	7. 會與他人交換所需形狀。			
	8. 能持續活動 5 分鐘。			
	9. 能解說自己的構圖。			
	10. 能算出自己用幾種形狀各幾個（例如：圓形 3 個、正方形 5 個）。			
	學習目標通過小計／學習目標通過率：＿＿＿＿／＿＿＿＿			

活動名稱	學習目標	評量狀況		
		通過	未通過	未參加
水果面面觀	1. 能指認老師所說之水果。			
	2. 能說出老師指定之水果名稱。			
	3. 能做水果類別的分類。（把一樣的放在一起）			
	4. 能依水果大小依序排列。			
	5. 能說出哪些水果需要剝皮。			
	6. 能將葡萄、香蕉、橘子的皮剝開。			
	7. 能說出哪些水果需要削皮。（蘋果、奇異果）			
	8. 能在協助下使用削刀。			
	9. 能在協助下使用水果刀切水果。（蕃茄、奇異果）			
	學習目標通過小計／學習目標通過率：＿＿＿＿／＿＿＿＿			

活動名稱	學習目標	評量狀況		
		通過	未通過	未參加
誰是誰（一）	1. 能看圖片中的動物後正確說出圖片中的動物名稱。			
	2. 能說出圖片中的動作名稱。			
	3. 能看圖片說出一個完整句子，例如：老鼠在打電話。			
	4. 能輪流玩尋找相同動作的動物卡片。			
	5. 能找出每種動物但不同動作的卡片。			
	6. 會協助幼兒尋找卡片。			
	學習目標通過小計／學習目標通過率：＿＿＿＿／＿＿＿＿			

活動名稱	學習目標	評量狀況		
		通過	未通過	未參加
誰是誰（二）	1. 能看到圖片後說出動物名稱及動作名稱。			
	2. 能注意聽一句話找到該圖卡，例如：掃地。			
	3. 能注意聽兩句話找到該圖卡，例如：有一隻穿著藍色褲子的動物在盪鞦韆。			
	4. 能注意聽三句話找到該圖卡，例如：我是一隻小老鼠，穿著藍色褲子在盪鞦韆。			
	5. 能注意聽四句話找出正確圖卡。			
	學習目標通過小計／學習目標通過率：＿＿＿＿／＿＿＿＿			

活動名稱	學習目標	評量狀況		
		通過	未通過	未參加
比長短（一）	1. 在觀察材料後，說出其不同點。（長、短）			
	2. 說出日常生活上有哪些物品是用長短來描述。			
	3. 能參與發表。			
	4. 能自己操作材料做比較。			
	5. 能將材料依長短分類。			
	6. 能將材料從最長到最短排列。			
	7. 能和老師一起合作做記錄。			
	學習目標通過小計／學習目標通過率：_____／_____			

活動名稱	學習目標	評量狀況		
		通過	未通過	未參加
比長短（二）	1. 能說出材料名稱。（八種）			
	2. 能分辨材料之長短。			
	3. 能使用剪刀剪毛線（或緞帶）。			
	4. 能將緞帶剪成一長一短。			
	5. 能將長短不一的材料依長短排列。			
	6. 能依指示將圖畫紙摺成一半。			
	7. 能在圖畫紙兩面各畫一條線，一長一短。			
	8. 能將緞帶依長短分類黏貼。			
	學習目標通過小計／學習目標通過率：_____／_____			

活動 名稱	學習目標	評量狀況		
		通過	未通過	未參加
腳印 誰大 誰小	1. 能安靜的仔細觀察腳。			
	2. 能在仔細觀察後提出所看見的東西。			
	3. 能說出蠟筆中的六種顏色。			
	4. 會將腳踩在圖畫紙上，沿著腳邊緣描畫 輪廓。			
	5. 會塗各種顏色。			
	6. 會用剪刀將腳的形狀剪下來。			
	7. 能比一比說出誰的腳最大。			
	8. 會將紙屑丟進垃圾桶。			
	學習目標通過小計／學習目標通過率： ＿＿＿＿／＿＿＿＿			

幼兒活動評量表（小班）

【科學領域】

活動名稱	學習目標	評量狀況		
		通過	未通過	未參加
奇怪的畫	1. 能說出老師呈現的物品名稱。			
	2. 能說出物品的功能。（至少一種）			
	3. 能用手沾牛奶畫在紙上。			
	4. 能看老師將畫放在火上烤。			
	5. 能說出畫中什麼不見了。			
	6. 能說出看見畫的是什麼。			
	7. 能說出操作過程。			
	學習目標通過小計／學習目標通過率： ／			

活動名稱	學習目標	評量狀況		
		通過	未通過	未參加
隱形墨水	1. 能對書中的圖片感興趣。			
	2. 能說出圖片中的水果名稱。			
	3. 能說出橘子的產季。			
	4. 能品嚐橘子並說出味道。			
	5. 能擠壓橘子汁。			
	6. 能用棉花棒沾橘子汁（適量）。			
	7. 能使用材料完成橘子汁畫。			
	8. 能為自己的畫命名。			
	9. 能專心觀察實驗之火烤畫。			
	10. 能說出橘子汁做的畫被火烤後的變化。			
	11. 能說出變化前後的不同： (1)前：無色的圖畫。 (2)後：褐色的圖畫。			
	學習目標通過小計／學習目標通過率： ／			

活動名稱	學習目標	評量狀況		
		通過	未通過	未參加
最美麗的紙	1. 能說出紙的名稱。			
	2. 能說出不同的紙有不同的用途。			
	3. 能將紙條放入水中。			
	4. 能比較及說出哪一種紙的吸水力最好。（餐巾紙）			
	5. 能自己調色。			
	6. 能使用蠟筆、彩色筆、水彩、廣告顏料畫圖。			
	7. 能將餐巾紙的每個角浸在水杯裡一下。			
	8. 能將餐巾紙展開。			
	9. 能說出展開圖案的感覺。			
	10. 能使用其他紙製作出美麗的圖案。			
	11. 能說出哪一種紙能畫出美麗的圖案。			
	學習目標通過小計／學習目標通過率：＿＿＿＿＿／＿＿＿＿＿			

活動名稱	學習目標	評量狀況		
		通過	未通過	未參加
染畫	1. 能說出今日的主題——染畫。			
	2. 能說出至少三種紙材名稱。			
	3. 能將紙摺好再放入顏料中。			
	4. 能操作五種紙材的染色工作（染好，打開紙，紙不破掉）。			
	5. 能發表自己的作品（或介紹）。			
	6. 能說出染色速度的先後順序。（宣紙第一、報紙第二、影印紙第三、書面紙第四、圖畫紙第五）			
	7. 能將作品晾好。			
	8. 能參與收拾工作。			
	學習目標通過小計／學習目標通過率：＿＿＿＿＿／＿＿＿＿＿			

活動名稱	學習目標	評量狀況		
		通過	未通過	未參加
打彈珠	1. 能比較大、小彈珠在瓶中所製造的聲音不同。			
	2. 能比較彈珠的大、小。			
	3. 能握住彈珠。			
	4. 能將大拇指壓在彈珠下方（做打彈珠的姿勢）： (1)能將彈珠彈出手中。 (2)能用手中的彈珠彈打另一顆彈珠。			
	學習目標通過小計／學習目標通過率：＿＿＿＿／＿＿＿＿			

活動名稱	學習目標	評量狀況		
		通過	未通過	未參加
橡皮筋彈一彈	1. 能說出 1 條橡皮筋如何發出聲音。			
	2. 能說出橡皮筋加上厚紙板發出的聲音。			
	3. 能用橡皮筋綁住彩色筆彈出聲音。			
	4. 能操作並說出橡皮筋加上迴紋針如何發出聲音。			
	5. 能操作並說出橡皮筋加上布丁盒如何發出聲音。			
	6. 能將全部材料組合在橡皮筋上並彈一彈。			
	7. 能比較橡皮筋因大小長短會發出不同的聲音。			
	8. 能說出橡皮筋彈在不同的物體上會發出不同的聲音。			
	9. 能說出橡皮筋較緊的地方彈出的聲響較小（弱）。			
	學習目標通過小計／學習目標通過率：＿＿＿＿／＿＿＿＿			

活動名稱	學習目標	評量狀況		
		通過	未通過	未參加
毛毛蟲	1. 能聆聽老師說故事。			
	2. 能說出毛毛蟲的名稱。			
	3. 能說出毛毛蟲的外形。			
	4. 能說出毛毛蟲蛹化成蝴蝶的過程：毛毛蟲→蛹→蝴蝶。			
	5. 能在有關昆蟲的書籍中，指認出毛毛蟲、蝴蝶。			
	6. 能找出毛毛蟲、蝴蝶。			
	7. 能找出毛毛蟲、蝴蝶、蛹。			
	8. 能說出其他特性。			
	學習目標通過小計／學習目標通過率：_____／_____			

活動名稱	學習目標	評量狀況		
		通過	未通過	未參加
星星、月亮、太陽	1. 能指出星星、月亮、太陽的位置。			
	2. 能聽指令將星星、月亮、太陽的形狀板取出。			
	3. 能用手電筒照射鏤空部分。			
	4. 會說出哪邊會形成影像。			
	5. 會用投影機投射出影像。			
	學習目標通過小計／學習目標通過率：_____／_____			

活動名稱	學習目標	評量狀況		
		通過	未通過	未參加
萬花筒世界	1. 能說出看到會動的花片。			
	2. 能帶自己的鏡子來學校。（前2天即提醒）			
	3. 能向他人借鏡子。			
	4. 願意將鏡子借給別人。			
	5. 能說出多面鏡子的變化。（變成很多影像）			
	6. 能觀察老師的示範。			
	7. 能將玻璃紙貼在萬花筒的前端。			
	8. 能將彩色玻璃碎紙放在玻璃紙上，再覆蓋上複寫紙。			
	9. 能展示萬花筒。			
	學習目標通過小計／學習目標通過率：＿＿＿＿／＿＿＿＿			

活動名稱	學習目標	評量狀況		
		通過	未通過	未參加
音樂水杯	1. 能說出樹葉為何有聲音。			
	2. 能說出玻璃杯內裝水可以敲出聲音。			
	3. 能說出5個水杯裝水的高度不一樣，敲出的音不一樣。			
	4. 能聽出高低音。			
	5. 能說出水裝愈多時敲出的聲音愈低。			
	6. 能說出水裝愈少時敲出的聲音愈高。			
	學習目標通過小計／學習目標通過率：＿＿＿＿／＿＿＿＿			

活動名稱	學習目標	評量狀況		
		通過	未通過	未參加
振音	1. 能製造聲音。			
	2. 能說出兩物品互相敲擊時才會有聲音。			
	3. 能拍手。			
	4. 能說出接觸面愈大，聲音愈大。			
	5. 能說出聲音愈大，水波愈大。			
	6. 能說出臉盆裝的水愈滿時，發出的水聲愈大。			
	7. 會用力讓水聲更大一些。			
	8. 拿到鈴鐺會主動搖一搖。			
	9. 能學老師將鈴鐺洞口按住，並說出聲音有什麼不同。			
	10. 能說出沒空氣後就沒聲音了。			
	11. 能說出自己有幾個鈴鐺。			
	12. 能用鬆緊帶穿過鈴鐺的洞。			
	學習目標通過小計／學習目標通過率：＿＿＿＿＿／＿＿＿＿＿			

活動名稱	學習目標	評量狀況		
		通過	未通過	未參加
敲一敲	1. 能說出琴鍵動與不動的差異。			
	2. 能分辨長鍵音低、短鍵音高。			
	3. 會依指示敲大、小聲。			
	4. 能依指令敲出高、低音。			
	5. 能找出紙杯兩端橡皮筋，哪一個是高音（杯口），哪一個是低音（杯底）。			
	學習目標通過小計／學習目標通過率：＿＿＿＿＿／＿＿＿＿＿			

活動名稱	學習目標	評量狀況		
		通過	未通過	未參加
傳聲筒（一）	1. 能聆聽布丁盒裡外講話之聲音，並說出哪一種方式的聲音較大。			
	2. 能說出講話時，盒子有無變化（有振動），為什麼（空氣）。			
	3. 能說出使自己說話聲音變大的方法。			
	4. 能說出傳聲筒有擴音效果。			
	5. 能將各色紙片使用雙面膠黏貼。			
	學習目標通過小計／學習目標通過率：_____／_____			

活動名稱	學習目標	評量狀況		
		通過	未通過	未參加
傳聲筒（二）	1. 能操作實驗的器具。（老師示範後）			
	2. 在做實驗時，能觀察到蛋殼跳動。			
	3. 能說出蛋殼的跳動（傳聲實驗結果）是因為聲音振動的緣故。			
	4. 能使用膠帶將紙板黏成筒狀。			
	5. 能將描圖紙用橡皮筋封住傳聲筒口。			
	6. 能用大頭針將描圖紙戳洞。			
	7. 能將線穿過洞固定。			
	學習目標通過小計／學習目標通過率：_____／_____			

活動名稱	學習目標	評量狀況		
		通過	未通過	未參加
不倒翁	1. 能聆聽老師說故事。			
	2. 能一手將蛋殼豎立使之不傾倒。			
	3. 能用另一手把蠟油注入蛋殼中並搖晃均勻。			
	4. 能替蛋殼畫上五官。			
	5. 能選擇一種顏色的毛線並說出顏色名稱。			
	6. 能將毛線貼於蛋殼頂（頭髮）。			
	7. 能說出不倒翁的名稱。			
	8. 能說出不倒翁的原理。			
	學習目標通過小計／學習目標通過率： ＿＿＿＿／＿＿＿＿			

活動名稱	學習目標	評量狀況		
		通過	未通過	未參加
影子遊戲	1. 能說出老師在牆上用手做的影子名稱。（至少四種）			
	2. 能安靜傾聽老師解說影子形成之原因。			
	3. 能輪流用手做影子讓人猜。			
	4. 能利用教室之燈光將手做的影子打在桌面上。			
	5. 能幫別的幼兒將其手做的影子畫在紙上。			
	6. 能在學習單上做動物圖形與其影子的配對。			
	學習目標通過小計／學習目標通過率： ＿＿＿＿／＿＿＿＿			

活動名稱	學習目標	評量狀況		
		通過	未通過	未參加
遊戲光影	1.能說出今天是什麼天氣。			
	2.能依照今天的天氣，拿取或指認天氣圖卡上的天氣。			
	3.能說出哪種天氣，影子最清楚。			
	4.能說出牆上的影子是哪種水果。			
	5.能說出牆上的影子是哪種動物。			
	6.能自己操作水果或動物做投影遊戲。			
	7.能找出卡片的影子。			
	學習目標通過小計／學習目標通過率：＿＿＿＿／＿＿＿＿			

活動名稱	學習目標	評量狀況		
		通過	未通過	未參加
鹽做成冰	1.能分辨不同溫度的水。			
	2.能分辨冰塊與水的不同。			
	3.能觀察比較後說出冰是由水而來的。			
	4.能主動參與實驗操作。			
	5.能將試管加入一半的水。			
	6.能將加好水的試管放入鋪滿冰塊的碗。			
	7.能在冰塊上鋪大量的鹽巴。			
	8.能說出鋪上鹽巴的冰塊可讓試管內結冰。			
	學習目標通過小計／學習目標通過率：＿＿＿＿／＿＿＿＿			

幼兒活動評量表（小班）

【數學領域】

活動名稱	學習目標	評量狀況		
		通過	未通過	未參加
一星期有七天	1. 能說出猴子。			
	2. 會跟著唸兒歌。			
	3. 能指認「星期一」至「星期日」的字卡。			
	4. 能說出一星期有七天。			
	5. 能看月曆說出今天的日期（幾月幾日）。			
	6. 能看月曆說出今天是星期幾。			
	7. 能在月曆上找到今天的位置。			
	8. 能認讀數字 1 至 31。			
	9. 能將數字貼在與月曆對應的數字位置，並貼於月曆黏貼板上			
	10. 能看著月曆回答幾月幾日是星期幾。			
學習目標通過小計／學習目標通過率：＿＿＿＿＿＿／＿＿＿＿＿＿				

活動名稱	學習目標	評量狀況		
		通過	未通過	未參加
今天、明天、昨天	1. 能回答今天是幾月幾日星期幾。			
	2. 能翻閱日曆。			
	3. 能說出今天、明天、昨天的順序。			
	4. 能指認今天、明天、昨天的字卡。			
	5. 能參與活動。			
	6. 能找出正確日期的磁鐵片並貼在正確的磁鐵板位置（今天、明天、昨天）。			
	7. 能找出另外一天（昨天、明天）的日期，貼在正確的位置（今天、明天、昨天）。			
	8. 能一起完成這個月份的月曆。			
	9. 能協助其他幼兒參與活動。			
	10. 能正確回答如果今天是 3 月 4 日，明天是幾月幾日星期幾。			
	11. 能正確回答昨天是幾月幾日星期幾。			
	學習目標通過小計／學習目標通過率：＿＿＿＿／＿＿＿＿			

活動名稱	學習目標	評量狀況		
		通過	未通過	未參加
放假日是星期幾	1. 能安靜聽講。			
	2. 能說出紅色日期表示放假。			
	3. 能說出哪些節日有放假。			
	4. 能指出今年的兒童節是 4 月 4 日。			
	5. 能找出月曆上的月份、日期及星期的位置。			
	6. 能抽節日問題卡。			
	7. 能找出所抽出的節日之正確日期。			
	8. 能協助同學參與活動。			
	9. 能由日期找到星期。			
	10. 能指出一個月有幾個星期日。			
	11. 能指出第幾個星期日是幾月幾日。			
	學習目標通過小計／學習目標通過率：＿＿＿＿／＿＿＿＿			

活動名稱	學習目標	評量狀況		
		通過	未通過	未參加
數的天平	1. 能注意聆聽老師講解天平的簡單構造。			
	2. 能複述天平的名稱及砝碼名稱。			
	3. 能發現兩邊的砝碼數量一樣時，天平會平衡。			
	4. 能推理出重量一定時，天平會平衡。			
	5. 能自由操作並找出平衡狀態。			
	學習目標通過小計／學習目標通過率：	／		

活動名稱	學習目標	評量狀況		
		通過	未通過	未參加
重量天平	1. 能說出比較重的一邊會往下沉。			
	2. 能說出兩邊各有幾顆圓珠。			
	3. 能說出較多圓珠會使秤盤往下沉。			
	4. 能回答天平兩邊的數量加起來共多少？哪邊大？哪邊小？			
	5. 能回答數量加起來較大的那邊會使天平下沉。			
	6. 能兩人互相出題考對方，數出哪一邊較重，並做兩盤圓珠相加（進位）。			
	學習目標通過小計／學習目標通過率：	／		

活動名稱	學習目標	評量狀況		
		通過	未通過	未參加
重量	1. 能依順序量體重，並記得自己的重量是幾公斤。			
	2. 能說出誰最重、誰最輕。			
	3. 能說出在哪裡可以看到磅秤。			
	4. 能說出磅秤是秤東西的。			
	5. 能使用磅秤秤東西。			
	6. 能說出體重機及磅秤上的數字。			
	7. 能說出體重機是量比較重的物品，而磅秤是量比較輕的物品。			
	8. 能說出彈簧是受力的作用才會往下墜（拉開）的。			
	9. 能知道彈簧上所掛的東西愈重，彈簧拉得愈長。			
	學習目標通過小計／學習目標通過率：_____／_____			

活動名稱	學習目標	評量狀況		
		通過	未通過	未參加
認識錢幣	1. 能指出 1 元、5 元、10 元錢幣。			
	2. 能說出 1 個 10 元換 2 個 5 元；1 個 10 元換 10 個 1 元；1 個 5 元換 5 個 1 元；1 個 10 元換 1 個 5 元和 5 個 1 元。			
	3. 與老師進行換錢，能將 10 元換成 1 個 5 元及 5 個 1 元。			
	4. 會決定自己想要的飲料。			
	5. 會投正確的錢幣入自動販賣機。			
	6. 會從自動販賣機中取出物品。			
	7. 能說出買的是什麼飲料。			
	學習目標通過小計／學習目標通過率：_____／_____			

活動名稱	學習目標	評量狀況		
		通過	未通過	未參加
打電話	1. 能指認 1 元、5 元、10 元。			
	2. 能說出 1 個 10 元換幾個 1 元？1 個 5 元換幾個 1 元？1 個 10 元換幾個 5 元？1 個 10 元幾個 5 元和幾個 1 元？			
	3. 一個 1 元可用來做什麼？（打電話）			
	4. 能說出打電話給誰和其電話號碼。			
	5. 能使用公共電話與家人聯絡。			
	6. 會投幣入電話機。			
	7. 會按電話機上的數字鍵。			
	學習目標通過小計／學習目標通過率：＿＿＿＿＿／＿＿＿＿＿			

活動名稱	學習目標	評量狀況		
		通過	未通過	未參加
買東西	1. 能指認 1 元、5 元、10 元。			
	2. 能說出到書店買書、文具或貼紙，到水果店買水果，到麵包店買麵包。			
	3. 能自己選擇想買的東西。			
	4. 知道要用錢幣買東西。			
	5. 會用等值錢幣買自己想要的東西。			
	6. 會自己付錢給老闆。			
	7. 能分享自己買東西的經驗。			
	學習目標通過小計／學習目標通過率：＿＿＿＿＿／＿＿＿＿＿			

活動名稱	學習目標	評量狀況		
		通過	未通過	未參加
買賣玩具	1. 能指認並說出數字 1、5、10。			
	2. 能正確數出手中自製錢幣的數量，例如：10 元→2 枚；5 元→4 枚；1 元→5 枚。			
	3. 會扮演老闆或客人。			
	4. 會說出要買的玩具。			
	5. 能拿出與標價相同數目的錢幣。			
	6. 能收錢。			
	7. 能找錢。			
	學習目標通過小計／學習目標通過率：＿＿＿＿／＿＿＿＿			

活動名稱	學習目標	評量狀況		
		通過	未通過	未參加
長度的組合	1. 能仔細觀察老師示範教具。			
	2. 能選擇自己想要的教具並且與其他幼兒一起合作操作。			
	3. 能正確的操作教具（或有創新的玩法）。			
	4. 能依指示操作教具，例如：擺放好 5 的加減尺，可由 1 與 4 的加減尺組合呈現，也可用數塔或數棒呈現。			
	5. 能將教具依順序排好收起來。			
	6. 能依指示將二種顏色串珠做量的組合，並點算出總數，例如：黃色 2 個、綠色 3 個，共有 5 個珠子。			
	7. 能正確做完作業單上的數的組合算式。			
	學習目標通過小計／學習目標通過率：＿＿＿＿／＿＿＿＿			

活動名稱	學習目標	評量狀況		
		通過	未通過	未參加
東西在哪裡	1. 能參與活動。			
	2. 能注意聽老師說明物品在第幾排、第幾列。			
	3. 能說出其他幼兒將物品放在第幾排、第幾列。			
	4. 能說出物品名稱。			
	5. 能依照其他幼兒所說，在第幾排、第幾列的位置上，畫上圖形。			
	學習目標通過小計／學習目標通過率：＿＿＿＿＿／＿＿＿＿＿			

活動名稱	學習目標	評量狀況		
		通過	未通過	未參加
誰不見了	1. 能數數 1 至 9。			
	2. 能分辨左右。			
	3. 能依指令拿起第 1 位（或最後 1 位）人物模型。			
	4. 能依指令拿起第 n 位人物模型。			
	5. 能依指令拿起左邊數來第 3 位人物模型。			
	6. 能依指令拿起某色衣服左邊第 4 位人物模型。			
	7. 能重新排列順序。			
	8. 能找出老師要的人物模型（例如：左邊數來第 2 個），並說出穿什麼顏色的衣服。			
	學習目標通過小計／學習目標通過率：＿＿＿＿＿／＿＿＿＿＿			

活動名稱	學習目標	評量狀況		
		通過	未通過	未參加
紙上遊戲	1. 能擲骰子並說出點數。			
	2. 能選擇一種顏色的棋子並把它放在靠邊的格子裡。			
	3. 能猜拳決定先後順序並能服從猜拳的結果。			
	4. 能仔細聆聽遊戲規則。			
	5. 依自己擲出的骰子數（1 至 6）而將棋子向前移動（1 至 6）步。			
	6. 能說出誰的骰子點數較多。			
	7. 能全程參與遊戲（擲骰子、依點數走格子、從起始點走到終點）。			
	學習目標通過小計／學習目標通過率： ＿＿＿＿／＿＿＿＿			

活動名稱	學習目標	評量狀況		
		通過	未通過	未參加
預估和分組	1. 能矇起（或閉上）眼睛摸紙袋中的物品，並猜測內容物是什麼。			
	2. 能預估紙袋中的物品數量有多少。			
	3. 能將內容物倒出來數一數，並說出正確數目。			
	4. 能夠將 20 個彈珠平均分配成 5 組。			
	5. 能夠說出每組有 4 個。			
	6. 能夠將 21 個瓶蓋平分成三組。			
	7. 能夠說出每組有 7 個瓶蓋。			
	8. 能夠將 18 個吸管粽子平均分成 6 組。			
	9. 能夠說出每組有 3 個。			
	10. 能夠將 14 顆糖果平均分配成 7 組。			
	11. 能夠說出每組有 2 個。			
	12. 能說出自己的得分數。			
	學習目標通過小計／學習目標通過率： ＿＿＿＿／＿＿＿＿			

活動名稱	學習目標	評量狀況		
		通過	未通過	未參加
紙圓圈序列	1. 能說出色紙顏色。			
	2. 會使用膠水黏貼紙圈。			
	3. 能將色紙有顏色那面朝外。			
	4. 能模仿老師的紙圓圈顏色排列。（5 個以內）			
	5. 能依老師的口語指示貼出色紙圓圈的數量（例如：紅色 3 個、黃色 2 個）。			
	6. 能依口語指示排出指定數量及顏色的色紙圓圈序列。			
	學習目標通過小計／學習目標通過率：	＿＿＿＿／＿＿＿＿		

活動名稱	學習目標	評量狀況		
		通過	未通過	未參加
統計圖表（一）	1. 能等待。			
	2. 能聆聽遊戲規則。			
	3. 能數數 1 至 10。			
	4. 能按照紀錄表上的姓名順序擊球。			
	5. 能將擊倒之寶特瓶數目記錄在自己的格子裡。			
	6. 能將自己 2 次擊倒數加起來（0 至 10）。			
	7. 能比較第一次、第二次誰擊倒最多（少）。			
	8. 能遵守遊戲規則。			
	學習目標通過小計／學習目標通過率：	＿＿＿＿／＿＿＿＿		

活動名稱	學習目標	評量狀況		
		通過	未通過	未參加
統計圖表（二）	1. 能說出是在：(1)保齡球館；(2)家中；(3)電視上看過保齡球。			
	2. 能指認數字，並說出數字。			
	3. 能擺放保齡球，並輪流等待。			
	4. 能熱烈參與討論，並訂定遊戲規則。			
	5. 能正確的說出推倒幾個保齡球。			
	6. 會將保齡球擺在原來的位置。			
	7. 會遵守遊戲規則。			
	8. 能在紀錄紙上圈出正確的數字。			
	9. 能將 2 次所得之分數統計於「總共打倒幾個」欄內。			
	10. 能比較並說出哪位幼兒的得分最高。（保齡球王）			
	11. 能依次排列（由高而低）。			
	12. 會幫忙收拾與整理。			
	學習目標通過小計／學習目標通過率：＿＿＿＿／＿＿＿＿			

活動名稱	學習目標	評量狀況		
		通過	未通過	未參加
分分看	1. 能做數字與數量配對，根據數量找出自己手中的數字卡（數量配）。			
	2. 能專心聽老師說明有 2 個洋娃娃要玩球，因此要將自己手中的球平均分給它們。			
	3. 能將手中球數平均分至洋娃娃的 2 個盤中。			
	4. 能說出 1 個洋娃娃得幾個球。			
	5. 能說出 2 個洋娃娃加起來是幾個球。			
	6. 能說出不能平均分時要如何處理。			
	學習目標通過小計／學習目標通過率：＿＿＿＿／＿＿＿＿			

幼兒活動評量表（小班）

【語文領域】

活動名稱	學習目標	評量狀況		
		通過	未通過	未參加
老鼠和大象	1. 能專心看圖片與聆聽老師講故事。			
	2. 能看著故事圖片講故事。			
	3. 能用蠟筆在圖畫紙上畫故事出現的人物。			
	4. 能回答小老鼠曾找過的動物。			
	5. 能回答牠們為什麼不與小老鼠做朋友的原因。			
	6. 能回答做好朋友應如何相處。			
	學習目標通過小計／學習目標通過率：＿＿＿＿／＿＿＿＿			

活動名稱	學習目標	評量狀況		
		通過	未通過	未參加
迷路的寶寶	1. 能注意聆聽老師說故事。			
	2. 能說出故事中的主角是誰。			
	3. 能說出故事中有幾種動物。			
	4. 能說出迷路怎麼辦。			
	5. 能畫出故事中的動物（自己喜歡的）。			
	學習目標通過小計／學習目標通過率：＿＿＿＿／＿＿＿＿			

活動名稱	學習目標	評量狀況		
		通過	未通過	未參加
天使的農場	1. 會安靜觀賞電子書。			
	2. 會提出和內容相關的問題。			
	3. 會複述故事內容。			
	4. 能用彩色筆畫出故事的內容。			
	5. 能說出所畫內容。			
	學習目標通過小計／學習目標通過率：＿＿＿＿／＿＿＿＿			

活動名稱	學習目標	評量狀況		
		通過	未通過	未參加
難忘的舞台劇	1. 會安靜觀賞電子書。			
	2. 會提出和內容相關的問題。			
	3. 會複述故事內容。			
	4. 能用彩色筆畫出故事的內容。			
	5. 能說出所畫內容。			
	學習目標通過小計／學習目標通過率：_____／_____			

活動名稱	學習目標	評量狀況		
		通過	未通過	未參加
我會錄音	1. 能安靜看自己的書。			
	2. 能用至少 3 句話介紹自己所看的書。			
	3. 能聽老師講解錄音筆的操作及其機件名稱。			
	4. 能按按鈕，錄自己聲音。			
	5. 能聽自己剛錄的內容。			
	6. 能補充之前的內容再錄一次。			
	7. 能專心聽同學講故事。			
	學習目標通過小計／學習目標通過率：_____／_____			

活動名稱	學習目標	評量狀況		
		通過	未通過	未參加
符號記憶	1. 能注視閃示卡。			
	2. 能在遊戲中保持興趣。			
	3. 能說出所看到閃示卡的字。			
	4. 能輪流拿卡。			
	5. 能和他人共同完成一件事。			
	6. 能讀出拼音。			
	7. 呈現國字時能拼音。			
	8. 能想出類似音的字。			
	9. 能造詞。			
	學習目標通過小計／學習目標通過率：＿＿＿＿／＿＿＿＿			

活動名稱	學習目標	評量狀況		
		通過	未通過	未參加
說說看有什麼	1. 能說出圖片內容 10 張以上。			
	2. 能說出圖片上的物品功用。			
	3. 能找出學校電器類之圖片。			
	4. 能找出可以吃飽之圖卡（例如：麵包、麵、飯等）。			
	5. 能找出可以穿戴在身上的物品（例如：衣服、褲子、帽子、眼鏡等）。			
	6. 能由 3 張圖片中，經觀察後找出哪 1 張不見了。			
	7. 能在 4 張圖片中，說出哪 2 張不見了。			
	8. 能在 5 張圖片中，說出哪 2 張不見了。			
	學習目標通過小計／學習目標通過率：＿＿＿＿／＿＿＿＿			

活動名稱	學習目標	評量狀況		
		通過	未通過	未參加
辨音遊戲（ㄇㄊ）	1. 能說出老師指示的圖卡名稱。			
	2. 能讀出名稱中各有的ㄊ音或ㄇ音。			
	3. 能跟著唱兒歌。			
	4. 能指出兒歌上的注音符號ㄊ或ㄇ。			
	5. 能用彩色筆圈出兒歌裡相同的注音符號ㄊ或ㄇ。			
	學習目標通過小計／學習目標通過率：＿＿＿＿／＿＿＿＿			

活動名稱	學習目標	評量狀況		
		通過	未通過	未參加
辨音遊戲（ㄑㄔ）	1. 能說出老師指示的圖卡名稱。			
	2. 能唸出圖卡中的ㄑ音和ㄔ音。			
	3. 能唸海報上的兒歌及語詞。			
	4. 能用筆摹寫ㄔ、ㄑ一次。			
	5. 能用彩色筆圈出兒歌裡相同的注音符號ㄔ和ㄑ。			
	6. 能說出平日物品中有ㄔ或ㄑ音的詞，例如：吃飯，七天。			
	學習目標通過小計／學習目標通過率：＿＿＿＿／＿＿＿＿			

活動名稱	學習目標	評量狀況		
		通過	未通過	未參加
認字：木	1. 能觀察樹的造型（樹枝、樹幹、樹根）。			
	2. 能用肢體做出樹的造型。			
	3. 能模仿「木」的象形字，繪出「木」。			
	4. 能依筆順描摹「木」字。			
	5. 能將作業單中的「木」字圈出。			
	6. 能指出班上名字中何者有「木」。			
	學習目標通過小計／學習目標通過率：＿＿＿＿／＿＿＿＿			

活動名稱	學習目標	評量狀況		
		通過	未通過	未參加
認字：火（一）	1. 能觀察蠟燭上的火。			
	2. 會說出「火」的感覺。			
	3. 能將象形文字圖案中「火」的部分塗上顏色。			
	4. 能依筆順仿畫「火」的線條。			
	5. 能將作業單上的「火」字圈出。			
	學習目標通過小計／學習目標通過率：＿＿＿＿／＿＿＿＿			

活動名稱	學習目標	評量狀況		
		通過	未通過	未參加
認字：火（二）	1. 能觀看與了解燃燒蠟燭會發出火光和熱。			
	2. 能說出火的功能或性質（熱）。			
	3. 能用蠟筆摹寫火字字形。			
	4. 能發出火的聲音。			
	5. 能用火造句或造詞（例如：火車）。			
	6. 能畫出和火相關的圖。			
	學習目標通過小計／學習目標通過率：＿＿＿＿／＿＿＿＿			

活動名稱	學習目標	評量狀況		
		通過	未通過	未參加
認字：手	1. 能模仿老師說「手」音。			
	2. 能用手指跟著老師在紙上描繪字形。			
	3. 能依筆順將「手」字著色。			
	4. 能指出兒歌海報中「手」的字。			
	5. 能從書中找出哪裡有「手」字。			
	學習目標通過小計／學習目標通過率：＿＿＿＿／＿＿＿＿			

活動名稱	學習目標	評量狀況		
		通過	未通過	未參加
認字：上、下（一）	1. 會依指示將布偶放在桌子上。			
	2. 會依指示將布偶拿在手上。			
	3. 會指出玩具屋的樓上在哪裡。			
	4. 會指出玩具屋的樓下在哪裡。			
	5. 會依指示將小娃娃放在玩具屋的上面（樓上）。			
	6. 會用食指在作業單「上」、「下」描繪字形。			
	7. 會用彩色筆在作業單上塗「上」、「下」。			
	8. 會說出上下的詞。			
	學習目標通過小計／學習目標通過率：＿＿＿＿／＿＿＿＿			

活動名稱	學習目標	評量狀況		
		通過	未通過	未參加
認字：上、下（二）	1. 能說出動物是在房子的樓上或樓下。			
	2. 能依照字形，將動物正確的放回樓上或樓下。			
	3. 會用長方體柱排出「上」、「下」字。			
	4. 能用「上」、「下」字造句造詞。			
	5. 能圈出作業單的「上」及「下」字。			
	學習目標通過小計／學習目標通過率：＿＿＿＿／＿＿＿＿			

活動名稱	學習目標	評量狀況		
		通過	未通過	未參加
認字： 月、日	1. 能說出今天是幾月幾日。			
	2. 能在月曆上找到月字。			
	3. 能在月曆上找到日字。			
	4. 能用蠟筆在作業單上描寫月字。			
	5. 能用蠟筆在作業單上描寫日字。			
	6. 能畫月亮。			
	7. 能畫太陽。			
	8. 能將月亮及太陽圖形著色。			
	9. 能從文章中找出日及月。			
	學習目標通過小計／學習目標通過率：＿＿＿＿＿／＿＿＿＿＿			

活動名稱	學習目標	評量狀況		
		通過	未通過	未參加
認字： 爸爸、 媽媽、 哥哥、 姊姊、 弟弟、 妹妹	1. 能主動介紹自己的家人。			
	2. 能在觀察後說出相片名稱。			
	3. 能依指示拿取相片。			
	4. 能說出相片中的人物名稱。			
	5. 能在透過相片引導認字過程中，做相片與卡片的配對。（爸爸、媽媽、哥哥、姊姊、弟弟、妹妹）			
	學習目標通過小計／學習目標通過率：＿＿＿＿＿／＿＿＿＿＿			

活動 名稱	學習目標	評量狀況		
		通過	未通過	未參加
記憶、 認字	1. 能說出膠水。			
	2. 能注意老師的動作並回答。			
	3. 能知道物品不見了。			
	4. 能猜膠水是放在左邊或右邊的碗裡。			
	5. 能猜小皮球是放在左邊或右邊的碗裡。			
	6. 能說出物品名稱。			
	7. 能認讀卡片。			
	8. 能說出哪種物品不見了。			
	9. 能找出不見的物品卡片或圖卡。			
	10. 能說出五種物品之名稱。			
	學習目標通過小計／學習目標通過率：＿＿＿＿／＿＿＿＿			

活動 名稱	學習目標	評量狀況		
		通過	未通過	未參加
小企鵝	1. 能指認鳥、飛兩個生字。			
	2. 能傾聽兒歌並讀出來。			
	3. 能說出哪些鳥會飛，哪些鳥不會飛。			
	4. 造句：××是會飛的鳥，××是不會飛 的鳥。			
	5. 能用彩色筆圈出自己認識的字。			
	學習目標通過小計／學習目標通過率：＿＿＿＿／＿＿＿＿			

幼兒活動評量表（小班）

【精細動作領域】

活動名稱	學習目標	評量狀況		
		通過	未通過	未參加
氣球紙漿工（一）	1. 能說出氣球。			
	2. 能說出漿糊溶於水。			
	3. 能說出氣球占有空間（氣球打氣之後才能做紙漿球）。			
	4. 能將報紙撕成寬 2 公分、長 20 公分的紙條。			
	5. 能將紙條一條一條的浸在漿糊水中。			
	6. 能用紙條一層一層的將氣球包起來。			
	7. 能將氣球整個包起來。			
	學習目標通過小計／學習目標通過率：＿＿＿＿／＿＿＿＿			

活動名稱	學習目標	評量狀況		
		通過	未通過	未參加
氣球紙漿工（二）	1. 能聆聽老師解說工作程序。			
	2. 能自行吹一個氣球。			
	3. 能在需要協助時，請求幫助（例如：吹不起來時會求助）。			
	4. 能將報紙撕成條狀。			
	5. 能將漿糊泡在水中。			
	6. 能撈起泡過水的紙條黏貼在氣球上。			
	7. 能依序貼紙條。			
	8. 能將氣球貼滿紙漿條而沒有看到氣球。			
	9. 能將氣球陰乾。			
	10. 能主動或在請求下協助收拾。			
	學習目標通過小計／學習目標通過率：＿＿＿＿／＿＿＿＿			

活動名稱	學習目標	評量狀況		
		通過	未通過	未參加
棉線畫（一）	1. 能知道繩子可以分成更細的線。			
	2. 能說出二種以上的繩子。			
	3. 能說出二種以上繩子的用途。			
	4. 能說出繩子可以用來圍圖案。			
	5. 能說出輪廓有寬、細，也可用繩子呈現。			
	6. 能先用彩色筆將圖畫在粉彩紙上。			
	7. 能將白膠黏貼在畫好的輪廓上。			
	8. 能將繩子貼在白膠上。			
	9. 能將不要的繩子剪掉。			
	10. 能觀察剪下來的棉絮像雪。			
	11. 能用彩色筆裝飾棉線增加圖的可看性。			
	學習目標通過小計／學習目標通過率：_____／_____			

活動名稱	學習目標	評量狀況		
		通過	未通過	未參加
棉線畫（二）	1. 能說出至少 1 項繩子的功能。			
	2. 能說出自己想畫的東西。			
	3. 能先用色筆畫好底稿。			
	4. 能將白膠貼在圖案內。			
	5. 能用繩子在白膠塗抹處作畫。			
	6. 能專心完成作品。			
	7. 能參與收拾工作。			
	學習目標通過小計／學習目標通過率：_____／_____			

活動名稱	學習目標	評量狀況		
		通過	未通過	未參加
撕畫	1. 能將衛生紙撕成條狀。			
	2. 能與其他幼兒交換顏色紙。			
	3. 能吹衛生紙。			
	4. 能搓揉衛生紙成一團。			
	5. 能將衛生紙沾水彩。			
	6. 能將紙團準確的丟在白報紙上。			
	7. 能分享。			
	8. 能收拾整理。			
	學習目標通過小計／學習目標通過率：_____／_____			

活動名稱	學習目標	評量狀況		
		通過	未通過	未參加
手套偶	1. 會專心看老師演示與回答問題。			
	2. 會用奇異筆在膠帶手套中心畫臉譜、頭髮。			
	3. 會用膠帶黏貼緞帶亮片做裝飾。			
	4. 會操作手套偶。			
	5. 會用手套偶與人對話。			
	學習目標通過小計／學習目標通過率：_____／_____			

活動名稱	學習目標	評量狀況		
		通過	未通過	未參加
棒棒偶	1. 能說出材料名稱。			
	2. 能說出紙黏土的顏色。			
	3. 能選擇使用材料。			
	4. 能說出自己做的棒棒偶名稱。			
	5. 能將紙黏土貼在竹筷上。			
	6. 能將水或白膠塗抹在紙黏土與竹筷的接縫處，使棒棒偶堅固。			
	7. 能收拾材料與垃圾。			
	學習目標通過小計／學習目標通過率：_____／_____			

活動名稱	學習目標	評量狀況		
		通過	未通過	未參加
小蜜蜂	1. 能跟著唱歌謠「小蜜蜂」。			
	2. 能說出主角是小蜜蜂。			
	3. 能參與觀察活動。			
	4. 能說出製作蜜蜂的材料。（黏土、毛根、牙籤、樹葉）			
	5. 會將黏土搓成圓球。			
	6. 會將黏土搓成長條狀。			
	7. 能為自己選材料。			
	學習目標通過小計／學習目標通過率：_____／_____			

活動名稱	學習目標	評量狀況		
		通過	未通過	未參加
美麗的花環（一）	1. 能說出花環的樣子，以及花環是用什麼做的。			
	2. 能說出老師做好的花環是由什麼東西組成的。			
	3. 能將紙花穿過去。			
	4. 能將吸管穿過去。			
	5. 能將珠子穿過去。			
	6. 能將鈴鐺穿過去。			
	學習目標通過小計／學習目標通過率：_____／_____			

活動名稱	學習目標	評量狀況		
		通過	未通過	未參加
美麗的花環（二）	1. 能說出上星期做了花環。			
	2. 能說出花環使用的材料。			
	3. 能說出兩串花環的相同處。			
	4. 能說出兩串花環的相異處。			
	5. 能將不同顏色的紙花及串珠穿過線。			
	6. 能自行完成作品。			
	7. 能說出使用了多少紙花及串珠。			
	8. 能說出自己的花環是屬於何種排列組合。			
	9. 能說出自己的花環和別人的花環有何不同。			
	學習目標通過小計／學習目標通過率：＿＿＿＿＿／＿＿＿＿＿			

活動名稱	學習目標	評量狀況		
		通過	未通過	未參加
蔬菜項鍊	1. 能說出常吃的蔬菜名稱。			
	2. 能說出其名稱。			
	3. 能說出蔬菜的外形及味道。			
	4. 能說出蔬菜除了可以吃之外，還有何用途。			
	5. 能將蔬菜丁及吸管串成項鍊。			
	6. 能說出項鍊上蔬菜丁的名稱。			
	7. 能說出自己所做的項鍊上有哪幾種蔬菜。			
	8. 能互相欣賞項鍊。			
	學習目標通過小計／學習目標通過率：＿＿＿＿＿／＿＿＿＿＿			

活動名稱	學習目標	評量狀況		
		通過	未通過	未參加
自己動手做衣服	1. 能專心聽老師說話。			
	2. 能安靜看及等候老師發色紙。			
	3. 能正確說出色紙顏色。			
	4. 能正確說出色紙形狀。			
	5. 能將膠水擠壓出來在色紙上。			
	6. 能將色紙貼在壁報紙上。			
	7. 能將紙衣穿在身上。			
	學習目標通過小計／學習目標通過率：_____／_____			

活動名稱	學習目標	評量狀況		
		通過	未通過	未參加
小小裁縫師	1. 能觸摸感覺其他幼兒的衣物。			
	2. 能說出摸到的感覺何者舒服、何者不舒服。			
	3. 能主動操作觸覺板。（觸摸感受）			
	4. 能區分2塊觸覺板的感覺。			
	5. 能利用放大鏡觀察各類材料的紋路，並分類。			
	6. 能將觸摸到的感受說出。			
	7. 能利用各類紙質、布料與同儕集體創作一件漂亮的衣物。			
	學習目標通過小計／學習目標通過率：_____／_____			

活動名稱	學習目標	評量狀況		
		通過	未通過	未參加
紙盒屋	1. 能將紙盒組合，摺出手提式（已有摺痕）。			
	2. 會運用美工刀切割紙盒。			
	3. 能用剪刀剪色紙。			
	4. 會使用膠水及膠帶黏貼圖案。			
	5. 能自己設計紙盒屋： ⑴有門窗。 ⑵是樓房或平房。 ⑶有前、後門。 ⑷有裝飾。			
	學習目標通過小計／學習目標通過率：＿＿＿＿＿／＿＿＿＿＿			

活動名稱	學習目標	評量狀況		
		通過	未通過	未參加
吸管造型	1. 能說出材料的名稱。			
	2. 能說出材料的功能。			
	3. 能用手指出自己的五官。			
	4. 能找出與臉譜上顏色相同的吸管。			
	5. 能用白膠將吸管黏在臉譜之五官上。			
	6. 黏吸管時能填滿空間，且不超出範圍。			
	7. 能展示作品。			
	8. 能欣賞別人的作品。			
	學習目標通過小計／學習目標通過率：＿＿＿＿＿／＿＿＿＿＿			

活動名稱	學習目標	評量狀況		
		通過	未通過	未參加
剪紙影	1. 能說出手影代表的動物。			
	2. 會自行決定動物圖形。			
	3. 能剪出紙影形狀。			
	4. 能用膠帶將竹棒固定在紙影上。			
	5. 能用紙影戲，做創意表演： ⑴演紙影戲。 ⑵當面具。 ⑶當玩偶。			
	6. 能夠在提醒時善後收拾。			
	學習目標通過小計／學習目標通過率：＿＿＿＿＿／＿＿＿＿＿			

活動名稱	學習目標	評量狀況		
		通過	未通過	未參加
掌中乾坤	1. 要幼兒數數看自己有幾隻手指。			
	2. 能描出左手的掌形。			
	3. 能描出右手的掌形。			
	4. 能將色紙撕成一小張一小張。			
	5. 會將自己的色紙和其他幼兒換不同顏色的色紙。			
	6. 能將色紙以膠水黏貼於手掌形內。			
	7. 會以手指按印泥，再蓋在手掌形中。			
	8. 會以不同的手指部位或拳頭去按印泥。			
	學習目標通過小計／學習目標通過率：＿＿＿＿＿／＿＿＿＿＿			

活動名稱	學習目標	評量狀況		
		通過	未通過	未參加
捏麵人	1. 能在觀察材料及透過直接經驗後說出麵粉和麵糰的不同。			
	2. 能說出麵粉的功用。			
	3. 能將麵粉加水、油、鹽。			
	4. 能將麵糰搓揉。			
	5. 能將麵糰捏出造形。			
	6. 能和其他幼兒分享自己的作品。			
	學習目標通過小計／學習目標通過率： ／			

活動名稱	學習目標	評量狀況		
		通過	未通過	未參加
紙笛子製作	1. 能使用竹筷敲打裝了水的玻璃瓶。			
	2. 能靠著玻璃瓶口吹出聲音。			
	3. 能從上述 2 項操作中發現玻璃瓶內水的多寡影響了聲音的高低。			
	4. 能將厚紙板捲成圓筒狀並用膠帶貼住。			
	5. 能將描圖紙貼在兩端圓筒口上。			
	6. 能用鉛筆在圓筒上刺洞。			
	7. 能將吸管插入圓筒口上之描圖紙。			
	8. 能吹紙笛子，看看能否發出聲音。			
	學習目標通過小計／學習目標通過率： ／			

幼兒活動評量表（小班）

【社會及情緒領域】

活動名稱	學習目標	評量狀況		
		通過	未通過	未參加
生氣是不好的	1. 能聆聽老師說故事。			
	2. 能回答如何處理吵架的情況。			
	3. 能說出讓小明和小英兩人一起玩的方法。			
	4. 能用布偶表演搶玩具的情境。			
	5. 能說出在學校角落玩時，是否有發生吵架的情形。			
	6. 能說出面臨這些問題時應如何處理。			
	7. 能選定表演的情境。			
	8. 能說出每個人扮演的角色。			
	9. 能和其他幼兒一起表演並討論。			
	10. 能表演兩次：第一次表演錯誤的問題解決方法，第二次演出正確的問題解決方法。			
	11. 表演完後，能說出是否和看表演前的感受不同。			
	學習目標通過小計／學習目標通過率：_____／_____			

幼兒活動評量表（小班）

【大動作領域】

活動名稱	學習目標	評量狀況		
		通過	未通過	未參加
探險	1. 能聆聽老師說故事。			
	2. 能跨過石頭。			
	3. 能爬上椅子然後跳下來。			
	4. 能墊著腳尖走路。			
	5. 能以默劇的方式將故事的過程依序再重複一次。			
	學習目標通過小計／學習目標通過率：＿＿＿＿＿／＿＿＿＿＿			

活動名稱	學習目標	評量狀況		
		通過	未通過	未參加
跟隨腳印	1. 能描出腳的形狀並將之剪下。			
	2. 能跟著腳印圖往前走。			
	3. 能跟著腳印圖倒退走。			
	4. 能用不同輕重及速度隨著腳印圖移動。			
	5. 能以跳的方式完成整個腳印之路線。			
	學習目標通過小計／學習目標通過率：＿＿＿＿＿／＿＿＿＿＿			

活動名稱	學習目標	評量狀況		
		通過	未通過	未參加
馬戲團	1. 能說出馬戲團有哪些人及動物。			
	2. 能保持穩定姿勢 5～10 秒鐘。			
	3. 能以各種不同的方式在線下快速移動。			
	4. 能跪著接住 1 顆球。			
	5. 能模仿馬戲團裡的表演者。			
	學習目標通過小計／學習目標通過率：＿＿＿＿＿／＿＿＿＿＿			

活動名稱	學習目標	評量狀況		
		通過	未通過	未參加
體操手	1. 能跟著彎彎曲曲的線跑步。			
	2. 能用右腳單腳站立至少 8 秒鐘。			
	3. 能用左腳單腳站立至少 8 秒鐘。			
	4. 能原地跑步一段時間。			
	5. 能隨著音樂做動作。			
	學習目標通過小計／學習目標通過率：＿＿＿＿／＿＿＿＿			

活動名稱	學習目標	評量狀況		
		通過	未通過	未參加
障礙賽	1. 能快速地走完路線。			
	2. 能用球棒拍打球的方式沿著路線走。			
	3. 能以不同的方式完成路線。			
	4. 能模仿他人的方式完成路線。			
	學習目標通過小計／學習目標通過率：＿＿＿＿／＿＿＿＿			

活動名稱	學習目標	評量狀況		
		通過	未通過	未參加
穿過森林	1. 能聆聽老師說故事。			
	2. 能很準確地丟花生給鴨子吃。			
	3. 能跑到陷阱前面時用力地跳過去。			
	4. 能走過橋。			
	5. 能說出回程可能遇到的事及如何解決。			
	學習目標通過小計／學習目標通過率：＿＿＿＿／＿＿＿＿			

活動名稱	學習目標	評量狀況		
		通過	未通過	未參加
氣球遊戲	1. 能回答有沒有玩過球。			
	2. 能在空中丟擲球並接住它。			
	3. 能一面隨著音樂舞動，一面用球做出動作。			
	4. 能隨著指令改變動作。			
	5. 當音樂加快時，能聽從指令改變動作。			
	學習目標通過小計／學習目標通過率：＿＿＿＿／＿＿＿＿			

活動名稱	學習目標	評量狀況		
		通過	未通過	未參加
跑跑跳跳	1. 能專心聆聽故事內容。			
	2. 能做母雞散步的模擬想像動作（或故事中的其他人物）。			
	3. 能配合節奏跑跳。			
	4. 能帶著彩帶玩追逐遊戲。			
	5. 能和其他幼兒一起玩。			
	學習目標通過小計／學習目標通過率：＿＿＿＿／＿＿＿＿			

活動名稱	學習目標	評量狀況		
		通過	未通過	未參加
鑽爬	1. 會說出二種以上腳的功能。			
	2. 會主動與他人比誰的腳比較大。			
	3. 會分辨左腳、右腳。			
	4. 能完整地把腳印畫下來。			
	5. 能雙腳一起跳。			
	6. 能單腳跳。			
	7. 會依安排的方向鑽爬。			
	8. 能雙手雙腳著地爬行。			
	9. 能鑽過障礙物爬行。			
	10. 會依安排的方向鑽爬。			
	11. 能知道且遵守遊戲規則。			
	12. 能輪流。			
	學習目標通過小計／學習目標通過率：＿＿＿＿／＿＿＿＿			

活動名稱	學習目標	評量狀況		
		通過	未通過	未參加
丟銅板	1. 能說出動物圖片的名稱。			
	2. 能準確的將銅板丟在圖案上。			
	3. 能模仿某個動物走路的動作。			
	4. 能依序做出不同動物走路的動作。			
	5. 能在老師做出動作後，說出該動物的狀況。			
	6. 能做出一條腿受傷時走路的樣子。			
	7. 能做出動物老了走路的樣子。			
	學習目標通過小計／學習目標通過率：＿＿＿＿／＿＿＿＿			

活動名稱	學習目標	評量狀況		
		通過	未通過	未參加
足球大賽	1. 能聽老師介紹足球的玩法。			
	2. 能依指示分成 2 隊。			
	3. 能為自己的隊伍命名（或服從他人的命名）。			
	4. 能遵守遊戲規則。			
	5. 能在遊戲中與同學合作。			
	6. 能遵守裁判的判決。			
	7. 能將球踢進球門。			
	8. 能從開始玩到結束（一場球 10 分鐘）。			
	9. 能在遊戲中注意自己的安全。			
	10. 能在遊戲中遵守規則（不推人，只用腳踢而不用手）。			
	11. 能在遊戲結束後靜息 5 分鐘。			
	12. 能在遊戲結束後分享心得。			
	學習目標通過小計／學習目標通過率：＿＿＿＿＿／＿＿＿＿＿			

活動名稱	學習目標	評量狀況		
		通過	未通過	未參加
躍動的精靈	1. 能專心注視老師的動作。			
	2. 能聽音樂做動作。			
	3. 能單腳跳。			
	4. 能跑、不跌倒。			
	5. 能跟著鈴鼓快慢走路。			
	6. 能模仿毛毛蟲。			
	7. 能模仿小狗。			
	8. 能模仿大象。			
	9. 能模仿魚。			
	10. 能和大家手牽手。			
	11. 能遵守「倫敦鐵橋」的規則。			
	12. 能快樂的遊戲。			
	學習目標通過小計／學習目標通過率：＿＿＿＿＿／＿＿＿＿＿			

　　根據上述七個領域活動學習評量的結果，可以知道幼兒在哪幾個領域表現得較好，哪幾個領域表現得較差，表現較好的領域可以再充實，表現較差的領域就需要加強。教師或家長可從四個方面來幫助幼兒發展其潛能：

1. 環境方面：著重在教室的改變，包含：如何設置角落、改變作息，或者加一個布告欄等點子。

2. 課程方面：著重在已經上過的活動或者其他教師想到的活動。教師可以修改活動，改變呈現的方式，例如：用PPT的方式來介紹活動，也可以改變活動的難易度，或是安排延伸的活動，或是改變使用的材料。

3. 活動安排：著重在如何充實教師的活動內容，例如：在介紹人類生長史時，可以安排一些專家來談他們小時候的經驗；在介紹交通號誌符號時，可以安排幼兒實地到街道上觀察交通號誌符號。

4. 教師的專業能力：著重在教師培養這些領域的專業知識與興趣，例如：閱讀活動設計的書、尋找適合的教具，或是參觀教學等。

　　以下以加強精細動作能力為例，透過活動教學方案從四個方面來增進幼兒的精細動作能力，使幼兒的精細動作才能發展到極限。

活動教學方案範例

日期：○○年○○月○○日

幼兒姓名：○○○

教師姓名：○○○

需要加強的領域：精細動作

需要加強的技巧：獨創性

預定計畫
一、環境方面 　1. 布置精細角，準備充分的材料供幼兒使用。 　2. 把幼兒作品貼在布告欄上。 　3. 在角落角擺放能增進手部功能的玩具讓幼兒操作。
二、課程方面 　1. 在進行精細動作活動前，為幼兒講解活動的步驟及展示要做的成品，例如：花環，並且提醒幼兒該注意的地方，例如：顏色搭配、大小比例等。 　2. 多給幼兒嘗試的機會，並且幫助其想一些與眾不同的點子。 　3. 在活動結束後，花個 5 分鐘和幼兒談談完成的作品，或是為作品取個名字、加個標題。
三、活動安排 　1. 觀摩別的幼兒之作品。 　2. 帶一些日常生活中常看到的作品，例如：手工藝品、花環、兒童圖畫、特殊設計的運動衫、蠟染的布等。 　3. 將作品拍成相片，讓幼兒認識作品的特色。 　4. 提供一些和作品有關的書或是作品集。 　5. 請教師或其他幼兒現身說法或示範表演。
四、教師的專業能力 　1. 多閱讀有關精細動作領域的書。 　2. 平時多練習畫圖或其他勞作。

❀ 陸、期末評量報告 ❀
〈小班〉

　　期末評量報告是教師根據幼兒在每一個領域的表現情況做較完整的綜合報告，其目的是在提供教師及家長了解孩子在各領域學習的情形，以做為教學的參考。在這份期末評量報告中，首先是每一個領域的活動學習目標之整體通過情形，接著則是幼兒在各領域活動學習的情形及教師給孩子的建議：第一欄是領域名稱，第二欄是該項領域的四項技巧，第三欄是技巧精熟度，第四欄是教導每一項技巧的主要活動內容，第五欄是學習情形，包含幼兒的特殊表現，例如：其想到的特殊點子及興趣等。

期末評量報告

日期：＿＿年＿＿月＿＿日
幼兒姓名：＿＿＿＿＿＿＿
教師姓名：＿＿＿＿＿＿＿

幼兒在七大領域的通過率如下：

領域 名稱	認知	科學	數學	語文	精細 動作	社會及 情緒	大動作
學習目標 總數量	227	136	151	120	140	11	82
通過 總數量							
通過率							

註：通過率＝通過總數量除學習目標總數量。

幼兒需要充實的領域（通過率最高的兩項）：
1.＿＿＿＿＿＿ 2.＿＿＿＿＿＿
幼兒需要加強的領域（通過率最低的兩項）：
1.＿＿＿＿＿＿ 2.＿＿＿＿＿＿

以下為幼兒在各領域的技巧精熟度：
（評分標準：1 ＝不會做，2 ＝有些困難，3 ＝勝任，4 ＝做得很好）

領域	技巧	技巧精熟度	活動內容	學習情形
認知	問題解決：能夠找出問題解決的方式，從眾多答案中找出最好的一個。		· 經由腦力激盪或是獨立作業尋求可能的解答。	
	記憶能力：記得資料的能力，發展良好的搜尋系統。		· 記憶遊戲。 · 提供有助於記憶的線索。	
	了解事物的關係：能察覺出物體及事物的差異及共同性，並能做比較和分辨。		· 分類遊戲，從簡單到複雜的分類。 · 經由討論及操作，了解物體及事物的差異及共同性。 · 歸類或重組圖形。	
	溝通能力：具有能把一些想法連貫及解釋的能力，且能用較清晰及有趣的方法來表示。		· 讓幼兒學習如何對其他幼兒解釋遊戲的規則。 · 讓幼兒說出事情如何發生及如何做抉擇。 · 提供討論的機會。	
科學	觀察：能看出及說出物品或事件的屬性及其間的異同或變化。		· 觀察和討論物品之間的差異和改變。 · 鼓勵幼兒提出和回答問題。	
	解決問題：能藉著觀察，運用不同的策略（例如：刪除、對照和比較的方式）提出問題、回答問題、找出答案。		· 鼓勵幼兒對實驗的結果做預測並將物品分類。 · 給幼兒思考問題和解決問題的機會。	
	組織：能配對、分類、組合及依序排列物品或事件。		· 製作簡單的圖表記錄幼兒所觀察到的事物。 · 讓幼兒用自己的方法去組織和呈現物品或資訊。	
	記憶：能回憶與科學有關的資訊，對於新的資訊具有求知慾和記憶能力。		· 回憶過去的實驗和經驗。 · 提出問題來刺激幼兒的記憶。 · 讓幼兒向他人說明與科學有關的想法。	

領域	技巧	技巧精熟度	活動內容	學習情形
數學	認識數字：能有意義的運用數字，了解口述或文字符號所描述的數量和形狀，具有基本的算術能力。		・練習辨認數字。 ・數出物品的數量，並用正確的數字來表示之。 ・練習辨認各種形狀。	
	了解關聯性：能辨認並複製不同模式，能藉著比較、分類和排列順序而了解幼兒是否有數字概念、是否具備抽象和具體運算的能力。		・讓幼兒練習依序排列數字。 ・讓幼兒比較、辨認和分類不同的物品。 ・讓幼兒用心算的方式練習加減。	
	抽象概念：能分辨和了解問題中所隱含的概念。		・先說明某一問題中所隱含的概念，然後要求幼兒對於其他類似的問題說出所包含的概念。	
	運用數學：能運用已知的方法去解決新的問題，遇到新的狀況時，知道該運用何種概念去解決。		・將數字的概念延伸到每天的日常生活中。 ・給幼兒機會去設計相關的延伸活動。	
語文	聽能：能分辨聲音的不同。		・提供幼兒注意聽的機會，並學習如何回應。 ・給幼兒練習注音符號及注音符號拼音。 ・給幼兒練習押韻的機會。	
	理解：能了解別人說話的意思及文章詞句的意義。		・通過聽故事、閱讀及符號認識。	
	表達：能有效的使用文字傳達自己的意思。		・鼓勵幼兒用有趣的方式來表達他們的想法及感覺。 ・給幼兒在不同情境用文字表達的機會。 ・鼓勵幼兒多多地表達，不要在乎文字的修飾。	
	辨認：能分辨字型或圖形的不同。		・提供配對及分類的活動，讓幼兒能分辨顏色、形狀、符號及文字的相同及不同。	

領域	技巧	技巧精熟度	活動內容	學習情形
精細動作	視覺敏感度：能注意及分辨不同顏色、材質、大小及設計。		• 培養幼兒觀察細節的能力。 • 提供一些情境幫助幼兒能注意到細節。	
	欣賞：能欣賞及評估藝術作品。		• 培養自我批判的能力，先從自己的作品開始。 • 創作能表達出自己情緒的作品。	
	技巧：有技巧的使用工具及材料。		• 讓幼兒使用不同的材料。 • 用不同的材料來創作。	
	獨創性：能做出特別及不平常的作品。		• 用材料創造出不同的作品。 • 教幼兒如何使他們的作品較具創意。	
社會及情緒	自信：對自己評價高，並對自己的優點和缺點都很了解。		• 幫助幼兒正視他人的批評或建議。 • 在大家面前表演。 • 給予幼兒口頭表達的機會。	
	組織能力：能完成既定的計畫，並且投入其中。		• 鼓勵幼兒自行完成一件作品，並獨立解決創作過程中遭遇的困難。 • 讓幼兒學習計畫、介紹及說明。	
	敏感度：對他人（如其他幼兒、成人、動物等）表現出照顧和關懷的態度。		• 幫幼兒了解情緒。 • 提供幼兒表達關心的機會。	
	說服力：能影響他人，能吸引他人的興趣及參與。		• 提供團體情境，讓幼兒學會如何在團體中傾聽及如何與他人合作。	
大動作	協調性：在進行各種體能活動時，具平衡感、節奏感，以及控制的能力；在大肌肉的活動上，對於規則性或移動性的目標，其手臂與腳的動作能配合的很好。		• 模仿各種不同的動作。 • 以不同的方式運用身體各部位，在操弄小物品時，能展現平衡性。 • 鼓勵幼兒進行較困難而複雜的活動。 • 丟、接、踢以及擊打目標物。	

領域	技巧	技巧精熟度	活動內容	學習情形
大動作	堅持度：具備充分的體力和耐力去做各種不同的活動，並且能持續不同的時間長度。		・鼓勵幼兒先練習一項體能技巧。 ・逐漸增加活動的難度和時間長度。	
	富於表現：在做各種動作時，有很豐富的想像力和創造力。		・鼓勵幼兒以不同而獨特的方式移動身體。 ・讓幼兒有機會觀看他人如何有創意的進行活動。	
	敏捷：在進行體能活動時，動作輕快靈活，有彈性。		・鼓勵幼兒培養平衡感，以及能流暢的做各種動作。	
跨領域創造力	流暢性：具有能想出比別人更多點子的能力。		・鼓勵幼兒想不同的方法來解決問題。 ・使用腦力激盪的方法。	
	獨創性：能想出一些與眾不同的點子，且能運用想像力來應付現象及假想的情境。		・鼓勵幼兒用擴散思考的方法來想問題。 ・給幼兒機會及嘗試新想法的機會。 ・提供幼兒扮演、想像及產生新想法的機會。	
	精密性：能用文字、動作、藝術或音樂把一個想法表達的非常精細。		・當幼兒有一些想法時，鼓勵他們說出細節。 ・幫幼兒用各種方法來表達他們的想法。	
	彈性：能用不同方式或不同的角度來想問題。		・讓幼兒扮演動物、人物或物體角色。 ・鼓勵幼兒在同樣的問題或情境時能想到不同的答案。	

領域	技巧	技巧精熟度	活動內容	學習情形
其他建議：				

❀ 附錄 ❀

附錄一　培奇全納幼兒園小組課程實施調查問卷

問題一：你對曾經進行過的哪個活動印象最深，為什麼？

1. 「最美麗的紙」：操作材料充分，自主探索性強，師生互動多，操作性強，幼兒很感興趣。

2. 「吹泡泡」：趣味性強，幼兒很感興趣。

3. 「星星、月亮、太陽」：幼兒參與度高，積極性強，師生互動多。

4. 「隱形墨水」：材料豐富，幼兒興趣高，喜歡探索，幼兒參與度高。

5. 「符號遊戲」：貼近幼兒生活經驗的操作材料，圖片蒐集方便，幼兒積極性高。

6. 「交通標誌」：材料準備簡單，幼兒積極性高，興趣濃烈，師生互動多。

7. 「筷子斷了嗎」：幼兒參與度與積極性很高，專注力高，探索性很強。

8. 「地板踩一踩」：室內室外結合，生動有趣，從中獲取生活經驗，生動有趣。

9. 「番茄毛毛蟲」：操作性強，很有童趣，幼兒參與度很高，探索性強。

10.「植物的生長」：孩子參與度比較高，積極性強，師生互動很多。

11.「小蜜蜂」：幼兒感興趣，動手操作性很強，觀察力有所提升，積極性高。

12.「圖案序列」：材料豐富，動手操作性很強，幼兒會自己探索。

13.「橡皮筋彈一彈」：生活材料多，幼兒會主動探索。

14.「放大鏡」：幼兒興趣高，積極性高，探索性強。

15.「石頭、水、空氣」：積極性高，對活動的探索有自己的想法。

16.「蛋的比較」：幼兒積極性強，樂於參與，參與度很高。

問題二：你對哪個領域的活動最得心應手？原因是什麼？

1. 科學：材料容易準備，幼兒探索性強、興趣高，操作性強，幼兒求知慾強。

2. 語言：能暢所欲言，積極性高，內容豐富，幼兒參與度高。

3. 精細動作：材料容易準備，積極動手能力強，孩子操作機會多，專注時間長。

4. 認知：教案比較熟悉，自己更有把握，材料好準備，幼兒感興趣。

問題三：上課前你會遇到什麼樣的問題？

1. 對教案理解不夠，幼兒相互干擾，難把握細節。

2. 材料難蒐集，做不到人手一份。

3. 時間分配不均勻，活動無法有效完成。

4. 部分材料不能讓幼兒直接操作，存在安全隱患，比如使用打火機。

5. 有些臺灣的材料名稱不知道是什麼。

6. 有的材料不能原樣準備。

7. 有些材料無法準備到位，例如：投影機、電子書、網路影片。

問題四：上課中你發現有什麼問題？

1. 操作材料多的時候，感覺空間擁擠。

2. 部分目標太難，無法達成。

3. 不能兼顧到每一個孩子，單一材料難以提起孩子的興趣，個別活動孩子不感興趣。

4. 注意力不集中。

5. 上課過程中有些突發情況無法及時處理，會影響下一個活動的開展。

6. 上課時間緊張，有些程序執行效果不佳，評量存在主觀性。

問題五：上完課後你會遇見什麼問題？

1. 家長對課程活動的實施與評量不了解，溝通無效。

2. 老師不了解評量表的正確用法，目標難定位。

3. 時間緊張、溝通次數受局限。

4. 評量帶有主觀性。

5. 與課堂表現不相符時，家長溝通時找不到具體的點。

6. 評量方面做的不好，與家長溝通較少。

問題六：培奇全納幼兒園在吳淑美教授的親自指導下執行了小組活動，你覺得有什麼變化？

1. 老師觀察幼兒的次數更多，讓幼兒有更多操作的機會。

2. 幼兒更容易理解指令，自己上課更輕鬆了。

3. 幼兒都有了自己可以完成的目標。

4. 對孩子的引導到位，能注意到個體差異。

5. 材料新鮮，幼兒喜歡參與。

6. 孩子的動手能力、語言表達能力明顯增強。

7. 家長高度認可，同時也會分享自己的經驗。

8. 堅持送幼兒入園，不缺席。

9. 和家長溝通起來比較輕鬆，自己專業度有所提升，幼兒有進步。

10. 家長更願意與老師溝通孩子的情況。

附錄二　培奇全納幼兒園小組活動評量表

____學年____學期____班

評量說明：1 表示通過，0 表示未通過，△表示未通過，○表示未參加活動。

領域	活動名稱	目標	學號									
			1	2	3	4	5	6	7	8	9	10
科學	空氣的實驗	1. 能用塑膠袋裝空氣入袋內。										
		2. 能拍拍塑膠袋鼓起的部分，說出是空氣在裡面的緣故。										
		3. 能用眼睛觀察出空氣是無色的。										
		4. 能將塑膠袋口插入吸管，並擠壓塑膠袋內的水氣於杯內。										
		5. 能說出空氣進入水中，會有泡泡產生。										
		6. 能仔細觀察蠟燭的燃燒（在開放空間）及蓋上透明玻璃杯後，一下子就熄滅了。										
		7. 能用杯子將蠟燭燒熄滅。										
		8. 知道蠟燭燃燒需要空氣。										
		9. 能用打氣筒自己打氣將氣球灌滿氣體。										
		10. 知道氣球內因有空氣使其服大。										

領域		科學										
活動名稱	目標	學號										
		1	2	3	4	5	6	7	8	9	10	
	目標通過小計／目標通過比率											
酸與鹼	1. 對活動感興趣。											
	2. 能說出材料的名稱。											
	3. 能說出汁的顏色。											
	4. 會操作滴管。											
	5. 能將滴管滴入：白醋／蘇打粉水／白開水。											
	6. 能觀察實驗。											
	7. 能逐一操作實驗。											
	8. 能說出實驗前後的試管內顏色變化。											
	目標通過小計／目標通過比率											
蠟燭與空氣	1. 能聆聽老師的說明。											
	2. 能觀察火焰燃燒的情形。											
	3. 能注意安全。											
	4. 能將燒杯蓋住燃燒的蠟燭。											
	5. 能觀察蓋杯蓋住後的火焰燃燒情形。											
	6. 能比較並說出實驗前後的火焰燃燒的不同：蓋杯→火熄滅；不蓋杯→火燃燒。											
	7. 能說出還有什麼可以熄滅火的方法。											
	8. 能說出空氣與我們生活的關係。											
	目標通過小計／目標通過比率											

註：本表僅呈現學號1～學號10的表格。

附錄三　培奇全納幼兒園小組活動（領域學習）目標及評量之目標通過率

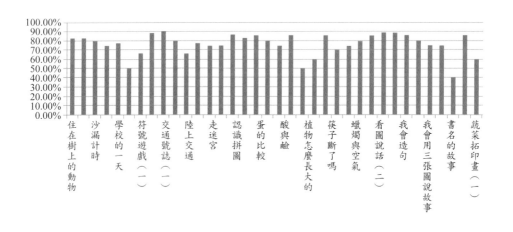

國家圖書館出版品預行編目（CIP）資料

幼兒園小班教學活動課程設計：配合新課綱設計的
120 個活動 / 吳淑美著. --初版. --
新北市：心理，2016.10
面；　公分.--（幼兒教育系列；51186）
ISBN 978-986-191-744-3（平裝）

1. 學前教育　2. 學前課程　3. 教學活動設計

523.23　　　　　　　　　　　　　　105019526

幼兒教育系列 51186

幼兒園小班教學活動課程設計：
配合新課綱設計的 120 個活動

作　　者：吳淑美

責任編輯：郭佳玲

總 編 輯：林敬堯

發 行 人：洪有義

出 版 者：心理出版社股份有限公司

地　　址：231026 新北市新店區光明街 288 號 7 樓

電　　話：(02) 29150566

傳　　真：(02) 29152928

郵撥帳號：19293172　心理出版社股份有限公司

網　　址：https://www.psy.com.tw

電子信箱：psychoco@ms15.hinet.net

排 版 者：辰皓國際出版製作有限公司

印 刷 者：辰皓國際出版製作有限公司

初版一刷：2016 年 10 月

初版四刷：2021 年 9 月

I S B N：978-986-191-744-3

定　　價：新台幣 300 元